T0287535

Perla Kaliman

LA CIENCIA
DE LA MEDITACIÓN

De la mente a los genes

editorial Kairós

© de la edición en castellano:
2017 by Editorial Kairós, S. A.
Numancia 117-121, 08029 Barcelona, España
www.editorialkairos.com

© 2017 by Perla Kaliman
© Dibujos: Virginia Alfonso Calace

Primera edición: Noviembre 2017
ISBN: 978-84-9988-578-0
Depósito legal: B. 22.507-2017

Fotocomposición: Grafime. Mallorca 1. 08014 Barcelona
Tipografía: Times, cuerpo 11, interlineado 12,8
Impresión y encuadernación: Romanyà-Valls. Verdaguer, 1. 08786 Capellades

ÍNDICE

Figuras y recuadros

Todo puede ser arrebatado al ser humano
excepto la última de sus libertades:
elegir su actitud frente a las circunstancias,
elegir su propio camino

VIKTOR FRANKL

PRÓLOGO

«No nos perturban las situaciones sino nuestra percepción de las mismas».

Epicteto

¿Por qué es importante reducir el estrés y cultivar emociones positivas? La respuesta es tan simple como contundente: porque las secuelas del estrés crónico y de las emociones negativas son profundas. Se instalan en el cerebro, perturbando su estructura y sus funciones. Se depositan sobre los genes, encendiéndolos o apagándolos.

Los datos de la Organización Mundial de la Salud y del Centro de Prevención y Control de Enfermedades revelan que, en las sociedades desarrolladas, el 80% de los casos de diabetes de tipo 2 y de enfermedad cardiovascular y el 40% de los casos de cáncer podrían prevenirse con cambios sencillos en tres factores totalmente dependientes del estilo de vida: el tabaquismo, el sedentarismo y la alimentación. El estrés crónico suele ser la *éminence grise* en esta lista. Se trata, sin duda, de uno de los factores de riesgo modificables que más influye en la salud física y mental, en los hábitos y en el comportamiento; de ahí la importancia de encontrar estrategias efectivas para aprender a gestionarlo. En este sentido, hace unos 40 años, una gran variedad de prácticas de entrenamiento mental originarias de Oriente comenzaron, poco a poco, a hacerse un sitio en Occidente, hasta el punto de dar nacimiento a un área nueva de la investigación científica, las neurociencias contemplativas. Las pruebas científicas sobre los beneficios de las prácticas meditativas están permitiendo desde hace unos años su integración en algunos de los segmentos más conservadores de nuestra sociedad, entre ellos los ámbitos sanitarios y educativos.

Hoy sabemos que la información contenida en nuestro material genético, durante tantos años considerada como nuestro ineludible destino biológico, es maleable en gran medida. La ciencia que estudia estos procesos se llama epigenética. Durante el transcurso de la vida, el estrés psicológico, las emociones negativas y los traumas van dejando huellas sobre la genética que heredamos de nuestros padres, en muchos casos con consecuencias negativas sobre nuestra salud y la de nuestros descendientes. Sin embargo, la información epigenética es potencialmente reversible incluso años después de haber sido adquirida. Nuestras investigaciones más recientes están comenzando a demostrar que la reducción del estrés a través de prácticas basadas en la meditación podría ser una forma de influenciar positivamente algunos mecanismos epigenéticos.

En este libro, mi intención es divulgar, de forma simple y a la vez rigurosa, los conocimientos científicos más recientes sobre los riesgos del estrés crónico y los beneficios de las prácticas meditativas, abarcando desde la salud del cerebro hasta la modulación de la expresión génica. Espero que algún día no lejano, estos descubrimientos inspiren el desarrollo de programas sanitarios, sociales y educativos, más éticos y altruistas que, además de proteger nuestra salud y bienestar personal, cuiden del legado biológico que dejaremos a las futuras generaciones.

1. EPIGENÉTICA, LA PLASTICIDAD DE LOS GENES EN RESPUESTA AL ENTORNO

EL DILEMA DE DARWIN

Ciertos descubrimientos, hoy ampliamente aceptados por la ciencia moderna, le habrían ahorrado muchas horas de incertidumbre al mismísimo Darwin. Por extraño que parezca, las abejas representaron una verdadera pesadilla para su teoría de la evolución y de la selección natural de las especies.[1] En el mundo de las abejas, las reinas son las únicas capaces de reproducirse, llegando a poner miles de huevos por día. Entonces, se preguntaba Darwin, ¿por qué razón las abejas obreras, todas ellas estériles, no habían desaparecido por selección natural dentro de su propia especie? Ahora sabemos que esta aparente paradoja se debe a factores totalmente independientes del ADN y de la evolución. Cuando nace una abeja, su destino no está definido. Sus genes, sin variar un ápice, pueden generar una obrera o una reina. Hacia dónde se dirijan dependerá de los cuidados y alimentación que reciba en sus primeros estadios de vida.

Hasta hace unas pocas décadas, la ciencia desconocía hasta qué punto la actividad de los genes es sensible a factores ambientales, sociales y psicológicos. Tampoco existían pruebas científicas sobre la memoria celular de las experiencias vividas, que puede acompañarnos durante años, incluso décadas, decorando nuestro ADN. Aún menos se sospechaba que los óvulos y espermatozoides pueden almacenar un registro histórico de ciertos factores del entorno y experiencias, potencialmente heredable por futuros hijos, nietos y quizás más generaciones. Todos estos hallazgos forman parte de lo que hoy conocemos como la ciencia de la epigenética.

La epigenética, que en el caso de las abejas tiene la capacidad de influenciar espectacularmente en el aspecto, la capacidad de reproducción y la longevidad, también actúa sobre las células humanas. El prefijo *epi* viene del griego y significa literalmente «por encima de». Como indica su nombre, la *epi*genética es un mecanismo biológico que no reemplaza a la genética sino que se basa en ella y la complementa para regular la mayoría de las funciones biológicas. Básicamente, se trata de un conjunto de mecanismos que tienen la capacidad de encender o apagar diferentes genes de forma dinámica, heredable y potencialmente reversible, a través de nuevas capas de información que no alteran en lo más mínimo las secuencias de ADN heredadas de nuestros padres. Una analogía que se suele utilizar para explicar estos mecanismos es que el genoma equivale al disco duro de un ordenador y el epigenoma a los programas instalados en él. Los gemelos monocigóticos constituyen un ejemplo gráfico para entender fácilmente cómo los procesos epigenéticos influyen sobre la genética. A pesar de poseer una información genética idéntica en todas sus células, los gemelos que se originan de una misma célula (cigoto) pueden adquirir a lo largo de los años distintas características físicas y sufrir distintas enfermedades. Esto se debe en gran medida a que, durante sus respectivas vidas, cada uno de ellos se va exponiendo a condiciones y estilos de vida particulares que dejan huellas divergentes *«por encima de»* la genética que comparten.

Los descubrimientos científicos en el campo de la epigenética son cada vez más asombrosos; demuestran que el estrés psicológico, las emociones y los traumas dejan señales moleculares con consecuencias significativas sobre nuestra salud. En algunos casos, las marcas epigenéticas pueden transmitirse a través de las sucesivas generaciones. Curiosamente, este concepto ha estado presente durante siglos en las más diversas culturas. Por mencionar un ejemplo, en un libro sobre las costumbres de los nativos navajo de Nuevo México,[2] una madre cuenta que poco después del nacimiento de su hija, la familia realizó una ceremonia ritual con la idea de proteger a la pequeña de una experiencia traumática vivida por su padre justo antes de concebirla. Según sus creencias esa experiencia debía haber afectado cada parte del cuerpo del futuro padre, incluyendo las semillas con las que poco después había creado a su hija. El fenómeno descrito por la tradición navajo coincide con descubrimientos científicos muy recientes realizados en modelos animales. El estrés traumático, en efecto, genera modificaciones epigenéticas en el esperma del futuro padre que pueden transmitirse y afectar la salud de los hijos en la edad adulta. Un aspecto asombroso de la transmisión epigenética es que este tipo de información adquirida es potencialmente reversible incluso años después de haberse incorporado a las células. Estos y otros ejemplos que describo en los siguientes capítulos forman parte de lo que hoy conocemos como epigenética multigeneracional.

La ilusión del trópico de Cáncer

Quizás fue la única vez en la historia en que el borrador de un descubrimiento científico en biología cobró una dimensión política. Sucedió en junio del año 2000, cuando Bill Clinton anunció los primeros datos de la secuencia del genoma humano en la Sala Este de la Casa Blanca junto a los científicos Francis Collins y Craig Venter y con la presencia virtual del primer ministro británico Tony Blair. Seis años más tarde se publicó la secuencia completa de ADN del cromosoma 1 humano, que representa aproximadamente el 8% de toda la información genética humana.[3] Una combinación intrigante de 223.875.858 letras a, c, t y g definía el más grande de nuestros cromosomas, compuesto por más de 3.000 genes que de algún modo participan en 350 enfermedades, como el cáncer, el Alzheimer, el Parkinson y hasta de la porfiria, responsable de la llamada «sangre azul» de reyes y princesas. Según Clinton, el esfuerzo científico y tecnológico había dado vida al «mapa más importante jamás producido por el ser humano», que provocaría entre otras cosas «que para nuestros hijos la palabra cáncer solo represente el nombre de una constelación de estrellas». Evidentemente, los políticos son más aventurados en sus afirmaciones que la mayoría de los científicos. Si bien es cierto que el proyecto genoma representó un hito en el estudio de nuestra compleja biología, las expectativas que creó en términos de salud y bienestar para la humanidad de momento no se han cumplido. Y esto es debido, en gran medida, a una realidad actualmente muy clara para científicos y no científicos: el ADN en solitario no marca nuestro destino biológico.

La idea de que las experiencias y el estilo de vida influyen profundamente en la mente y en el cuerpo constituyó uno de los pilares de la medicina de algunas de las culturas más antiguas. Entre los siglos VI y IV a.C., se creó en Grecia una escuela de medicina y filosofía basada en el principio de que el comportamiento y el entorno son determinantes esenciales de la salud y la enfermedad. De hecho, los sabios occidentales y orientales, tales como Hipócrates de Cos (médico griego, siglo IV a.c.) y Patañjali (filósofo indio, siglo II a.c.), hicieron hincapié en que el mantenimiento de una buena salud estaba íntimamente ligado al entorno social, a la dieta, al ejercicio físico, y tan o más importante aún, a la actividad de la mente. Miles de años después, la ciencia moderna ha comenzado a confirmar algunas de estas antiguas observaciones mediante el uso de tecnologías sofisticadas. En las últimas décadas, hemos comprobado que numerosas patologías crónicas son causadas o agravadas por factores de estilo de vida que trabajan en equipo con la información genética.

La interacción entre los genes y el entorno suele resumirse en inglés mediante la expresión *nature and nurture* («*naturaleza y cuidados*»). En esta frase, el término «naturaleza» se refiere a la información heredada en forma de genes, que difiere entre individuos debido principalmente a ligeras variaciones en la secuencia del ADN (polimorfismos genéticos). Estas variaciones pueden provocar cambios en la actividad de los genes y son responsables en gran medida de las características propias de cada individuo. Por ejemplo, son factores importantes en la definición de rasgos físicos como el color de los ojos, pero también están implicados en establecer la sensibilidad de cada persona al entorno y a su susceptibilidad frente a diversas enfermedades. Por su parte, los «cuidados» se refieren al impacto de las experiencias personales (incluyendo las exposiciones ambientales y el estilo de vida) sobre la salud y el bienestar.

La danza de los genes y las experiencias

Algo que hemos aprendido de la era de la genómica, gracias a la secuenciación del ADN de cientos de miles de personas, es que la mayoría de las enfermedades no se deben a un de-

fecto en un gen determinado, sino que se asocian a pequeños cambios en un conjunto genes. Si tenemos la mala suerte
de heredar una combinación poco auspiciosa de varios polimorfismos en distintos genes y a ello le sumamos, a lo largo de nuestra vida, la exposición a factores de riesgo procedentes del entorno, los efectos combinados de la genética y
la epigenética pueden desencadenar diversas patologías, desde un cáncer a una depresión grave. Por ejemplo, la presencia
de determinados polimorfismos genéticos junto con el consumo de tabaco es lo que desencadena muchos de los casos
de cáncer de pulmón.[4] Lo contrario también es cierto, numerosos estudios sobre longevidad indican que un elevado porcentaje de personas centenarias con buena salud no se destacan por haber llevado un estilo de vida saluble, sino porque
tienen polimorfismos genéticos protectores. Tal es el caso de
los cuatro hermanos Kahn, famosos sedentarios y fumadores, cuyos genes son tema de estudio ya que vivieron en plena
forma hasta los 110, 109, 103 y 101 años. Lamentablemente,
no todas las personas tenemos los maravillosos genes de esta
familia de centenarios, y por ello resulta importante que pres-
temos un poco de atención a nuestro entorno y a nuestras
elecciones de estilo de vida.

Los trastornos relacionados con el estrés, como la depresión y la ansiedad, tampoco han podido explicarse por causas puramente genéticas, a pesar de que estudios epidemiológicos han demostrado que existe una predisposición genética
a la depresión grave. En su conjunto, cinco grandes estudios
en más de 10.000 pares de gemelos idénticos muestran que
el trastorno depresivo grave tiene una contribución genética
del 37%, y este porcentaje aumenta cuanto más grave es la
historia de depresión en la familia (la gravedad se mide por el
número de recaídas y la edad al sufrir el primer episodio depresivo).[5] Pero, evidentemente, 37% no es 100% y para que

ese porcentaje de contribución genética pueda manifiestarse, los principales aliados son los factores de riesgo procedentes del entorno. En el caso de la depresión y la ansiedad, uno de los principales factores de riesgo es el estrés. Durante las últimas décadas, se ha comenzado a descubrir que el estrés y las experiencias adversas depositan nuevas capas de información alrededor del ADN dando lugar a cambios estables en la actividad de los genes e influyendo en la estructura y las funciones del cerebro tanto en adultos como en niños.[6] Por el contrario, condiciones psicosociales favorables que permiten una mejor gestión del estrés pueden beneficiar la salud a largo plazo, y esto también se asocia a mecanismos epigenéticos, como revelan algunos estudios recientes realizados en roedores y en seres humanos que describiré más adelante.

A partir de estos descubrimientos en diferentes especies resulta claro que, en cualquier etapa de la vida, la calidad del entorno físico, psicológico y social que navegamos día tras día puede dejar marcas epigenéticas en las células. Esta memoria epigenética puede llevarnos tarde o temprano hacia el terreno de la salud o de la enfermedad.

2. LA CIENCIA
DE LA CONTEMPLACIÓN

EL ESTRÉS, GRAN ESCULTOR

A principios del siglo pasado, nadie utilizaba la palabra «estrés» para describir un estado psicológico. La popularización de este término comenzó con los trabajos de dos fisiólogos, Walter B. Cannon y Hans Selye, los primeros en describir que un organismo responde a los desafíos físicos y psicológicos que se le plantean a través de adaptaciones químicas en sus células y de cambios significativos en su comportamiento. Cannon habló por primera vez de homeostasis, el proceso que permite mantener constantes, a través del sistema nervioso autónomo, los niveles de algunos factores tan importantes para la supervivencia como la temperatura del cuerpo. Cannon también inventó el famoso concepto de «pelear o huir»[7] para describir que un factor psicológico puede gatillar estos mismos mecanismos bioquímicos con el fin de mantener la adaptación y el equilibrio del organismo. Por su parte, Selye describió el síndrome de adaptación generalizada que explica por qué enfermedades muy diferentes pueden presentar un conjunto de síntomas similares. Selye propuso, hace casi un siglo, que los períodos prolongados de estrés pueden provocar una gran variedad de patologías físicas y mentales a través de alteraciones inmunitarias, inflamatorias y otras, algo que hoy en día está ampliamente aceptado.

El estrés es lo que le sucede a un organismo cuando se siente amenazado y lucha por recuperar el equilibrio. Lo curioso del tema es que aquello que nuestro cerebro interpreta como una amenaza puede tener un origen físico o psicológico, puede ser una situación real o imaginada, puede ocurrir durante la vigilia o mientras dormimos. Aún recuerdo la sensación de vértigo, pánico y falta de aire que sentí en el laboratorio de Mel Slater, en la Universidad de Barcelona, cuando un aparato de realidad virtual me hizo creer que estaba subiendo a un rascacielos altísimo dentro de un ascensor de velocidad supersónica. ¿Y quién no ha despertado alguna vez en su vida estremecido por una pesadilla, como si habitara realmente sus sueños? Nuestro cuerpo reacciona de manera similar en cualquiera de estas situaciones, para adaptarse a lo que nuestro cerebro percibe como un peligro en un momento dado.

A pesar de su mala fama, la reacción de estrés es una respuesta fisiológica esencial para la vida. Por ejemplo, acelera nuestro corazón y envía más sangre a los músculos para escapar rápidamente si nos persigue un agresor. O nos beneficia durante un examen, ayudando a mejorar nuestra atención y concentración. También contribuye a regular las funciones más básicas y esenciales, desde la respiración hasta la presión arterial. Pero la intensidad y duración de la respuesta al estrés frente a una misma situación pueden ser muy variables entre diferentes personas ya que dependen de la compleja interacción entre la información genética, el estado de salud, las experiencias personales, los recuerdos, los hábitos y el contexto cultural y social. En particular, el estrés psicológico de cada individuo frente a una misma situación está influenciado por su propia interpretación subjetiva de la realidad. El cerebro es el principal órgano del estrés, donde se integra la información del medio interno y externo y se decide qué situaciones constituyen una amenaza. Y ello, para cada persona, está influenciado por el abanico de factores que antes mencioné. Frente a un estresor, sea cual fuere su naturaleza, se produce la liberación en unos pocos segundos de un torrente de señales bioquímicas que en su conjunto se conocen como «respuesta alostática». Este mecanismo tiene por objetivo resolver el problema en cuestión y volver al equilibrio. Pero si la respuesta al estrés es excesiva, descontrolada o persistente, estamos frente a lo que llamamos una «sobrecarga alostática», situación de estrés crónico que provoca una fatiga creciente, puede desencadenar las más variadas patologías y, en casos extremos, pone en peligro la supervivencia. En algunas situaciones, sin embargo, el estrés crónico cumple un papel adaptativo o evolutivo, por ejemplo en los osos salvajes que acumulan cantidades excesivas de grasa con el objetivo de sobrevivir al invierno. O en el caso del salmón, que migra nadando a contracorriente enormes distancias hasta el agotamiento para aparearse, y después muere. Por el contrario, un ejemplo extremo de estrés crónico más destructivo que adaptativo en el ser humano es el fenómeno conocido en Japón como *karoshi*, que significa literalmente «muerte por exceso de trabajo». Se trata de un estrés prolongado, en general en adultos jóvenes sin signos previos de enfermedad, que sacrifican sus horas de sueño, su alimentación y su vida emocional, familiar y social por las presiones del entorno laboral, situación que termina por desencadenar un fallo cardiovascular súbito y mortal. Pero sin llegar a un desenlace de este tipo, el estrés crónico genera alteraciones físicas, emocionales, cognitivas y de comportamiento. Se hace notar a través de señales fácilmente reconocibles: puede ser que la mandíbula se tense y duela, que aparezcan con más frecuencia resfriados y otras infecciones, que las digestiones sean difíciles y los dolores de cabeza recurrentes, que el estado de ánimo esté salpicado de irritación y frustación, que la memoria falle y que la organización y toma de decisiones sean más difíciles. Puede ser que el estrés crónico lleve a descuidar las relaciones afectivas o a provocar aislamiento; puede ser que catalice comportamientos de riesgo como el consumo excesivo de alcohol, tabaco u otras sustancias adictivas. Lo insospechado, sin embargo, son los efectos silenciosos del estrés crónico, los que se van instalando poco a poco en las neuronas, sobre los genes y que corroen paulatinamente los cromosomas.

El potencial de la mente

> *«Durante los últimos años, la ciencia moderna ha descubierto secretos del cerebro humano. Durante siglos, las prácticas contemplativas han desvelado el potencial de la mente. Imaginad las posibilidades si ambas se unieran para crear un nuevo campo de la ciencia, para brindar soluciones a un mundo en sufrimiento».* (Mind and Life Institute)

Pocas cosas nos resultan más difíciles que experimentar la realidad directamente, sin pasarla por el tamiz de nuestras experiencias, recuerdos y conocimientos. Esta interface en constante evolución es la principal responsable de la percepción que cada persona tiene de sí misma y del mundo que la rodea. Pero según las filosofías milenarias, el ser humano tiene la capacidad de afinar mucho su mente para lograr una relación más saludable con la realidad.

Durante los años de la Guerra Fría, coincidiendo con la guerra de Vietnam, las prácticas contemplativas comenzaron a llamar la atención de artistas, pensadores y científicos. Muchos jóvenes, sensibilizados por la realidad sociopolítica de aquella época, buscaban maneras de promover el bienestar y la paz en el mundo. Por aquel entonces, llegaban algunos maestros de meditación y yoguis desde Asia a América y Europa, enseñando métodos para cultivar la paz interior, la sabiduría y la compasión. Estos maestros traían enseñanzas de más de 2.500 años. Por ejemplo, las instrucciones condensadas de forma clara y concisa en las Cuatro Nobles Verdades del budismo, que suelen describirse como el diagnóstico y el tratamiento de la enfermedad más universal del ser humano, el sufrimiento. En cuatro escuetas frases, estos principios explican que la vida en sí misma es inseparable del sufrimiento. Sin embargo, el sufrimiento no tiene entidad propia, sino que es causado o emerge de deseos, expectativas e insatisfacciones varias. La buena noticia es que hay maneras de liberarnos del sufrimiento y, para ello, la cuarta Noble Verdad propone un tratamiento basado en cambios en el estilo de vida. Sobre todo recomienda un método, el cultivo de la plena consciencia y de las emociones positivas a través de la meditación.

La frase citada al comienzo de esta sección resume en unas pocas líneas el origen y el objetivo de las neurociencias contemplativas, un terreno en que la ciencia y las tradiciones milenarias se vienen encontrando desde hace unos 40 años. El Mind and Life Institute nació en 1987, cuando un grupo de científicos, filósofos y contemplativos comenzaron a reunirse en privado con Su Santidad el Dalái Lama en su residencia de Dharamsala para tratar de investigar juntos qué es la mente, cuál es la naturaleza de la realidad y de qué manera se podría promover el bienestar en el planeta. Uno de sus fundadores fue el neurocientífico Francisco Varela, doctor en Biología por la Universidad de Harvard. Algunas cosas no coincidían en los mundos que le interesaban a Varela, a la vez científico y meditador. Las tradiciones contemplativas describían ciertas cualidades de la mente, por ejemplo en lo que respecta a la regulación atencional y emocional, muy superiores a las aceptadas por las neurociencias cognitivas. En efecto, las prácticas contemplativas, especialmente las de la tradición budista, brindan instrucciones detalladas sobre numerosos métodos que permiten un entrenamiento fino de la atención y una extraordinaria alquimia de las emociones a través de la meditación. Fue en gran medida a raíz de los diálogos con contemplativos, iniciados por Varela, cuando estas observaciones comenzaron a intrigar y desafiar a los científicos occidentales. En aquel momento, se emprendieron los primeros estudios para poner a prueba el grado de flexibilidad de ciertas funciones psicológicas y cognitivas que hasta entonces se tomaban por componentes fijos de nuestra estructura mental. La meditación, que durante la mayor parte del siglo pasado fue considerada en Occidente como un tema místico y opuesto a los paradigmas de la ciencia, empezó a integrarse poco a poco en nuestra sociedad hasta dar nacimiento a un área nueva de la investigación científica y hacerse un sitio cada vez más reconocido en los ámbitos sanitario, educativo y social. Estas primeras reuniones entre científicos y contemplativos, fueron la cuna de grandes conferencias públicas donde actualmente se analizan, desde una amplia perspectiva, temas de diversas disciplinas como las neurociencias, la psicología, la educación, la economía, el altruismo y la ética.

MONJES EN HARVARD

La curiosidad científica por las filosofías y prácticas orientales comenzó sobre todo en los Estados Unidos de América en la década de los setenta, cuando aún no se había popularizado el concepto de medicina «mente-cuerpo». Uno de los pione-

ros de esta aventura de fusión Oriente-Occidente fue el doctor Herbert Benson. Hacia finales de 1960, el entonces joven
cardiólogo se interesaba por los efectos del estrés en la hiper-
tensión arterial. Benson desarrollaba sus investigaciones en
el mismo departamento de Fisiología de la Universidad de
Harvard donde Walter B. Cannon había realizado sus estudios sobre homeostasis y estrés. Una mañana, Benson recibió
en su laboratorio una visita inesperada. Se trataba de un grupo de personas practicantes de meditación trascendental, un
método de moda en aquella época efervescente y que contaba con adeptos tan famosos como los Beatles. Estos meditadores habían oído hablar de las investigaciones de Benson y
se ofrecían como cobayos de laboratorio ya que sospechaban
que podían regular su presión arterial a través de la práctica
meditativa. Benson rechazó la original propuesta temiendo
por su reputación y su puesto de trabajo en un ámbito académico tan riguroso y elitista como Harvard. Pero su curiosidad
científica fue más fuerte que su prudencia y terminó recibiendo a esos monjes con túnicas rojas en su laboratorio. A través
de estas primeras investigaciones con meditadores, Benson
caracterizó la respuesta de relajación, una contrapartida fisiológica a la respuesta de estrés. Observó que la respuesta de
relajación inducía una disminución del metabolismo, del ritmo respiratorio, del ritmo cardíaco y de la presión arterial.[8]

A diferencia de la reacción de estrés que se desencadena automáticamente y sin decisión voluntaria, para encender la respuesta de relajación necesitamos motivación, voluntad y acción. Benson describió un ejercicio muy sencillo
que permite poner en marcha este mecanismo (véase pág.
29). Sorprendentemente, estas simples instrucciones pueden
hacer disminuir en menos de cinco minutos el ritmo respiratorio en la mayoría de las personas aunque no tengan experiencia previa en técnicas meditativas. Esto último es una

medida objetiva de la activación fisiológica del sistema nervioso parasimpático, encargado de equilibrar la respuesta al estrés. Años más tarde, el grupo de investigación que inició Benson en Harvard dio lugar a algunos descubrimientos pioneros sobre otros efectos neurofisiológicos de este tipo de prácticas. Entre ellos se encuentra el famoso estudio publicado por Sara Lazar y colaboradores[9] en el año 2005, que identificó por primera vez cambios estructurales en el cerebro de meditadores expertos y aportó las primeras pruebas sobre los posibles efectos protectores de la meditación frente a la pérdida de masa cerebral asociada al envejecimiento (véase pág. 67). También surgió de Harvard el primer estudio que mostró cambios masivos en la expresión de genes a través de la práctica de la respuesta de relajación, publicado por Dusek y colaboradores[10] en el año 2008 (véase pág. 104).

Unos 50 años más tarde, el mecanismo neurofisiológico que relaciona el ritmo respiratorio y la calma psicológica se ha demostrado elegantemente en modelos animales. En el número del 31 de marzo de 2017 de la prestigiosa revista *Science*, un grupo de investigadores de la Universidad de Stanford publicó el descubrimiento de un pequeño grupo de neuronas en el cerebro de los ratones que comunica el centro de la respiración con regiones que modulan la respuesta al estrés, la atención y la ansiedad.[11] En los seres humanos, las prácticas contemplativas comprendieron hace miles de años que un ritmo respiratorio agitado se relaciona con estados de tensión, mientras que una respiración suave nos calma. Pero el mecanismo celular y molecular que permite la conexión entre estas funciones no se conocía. Esta discreta red neuronal que comunica la respiración y la relajación se ubica en el tronco encefálico, sitio por donde pasan los principales nervios que comunican el cerebro y el resto del cuerpo. Los investigadores de Stanford silenciaron un

Instrucciones para encender la respuesta de relajación[16]

1. Elija una palabra que le resulte neutra o agradable, por ejemplo «uno», «paz», etc.
2. Siéntese tranquilamente en una posición cómoda.
3. Cierre los ojos o, si lo prefiere, dirija la mirada hacia abajo, con los ojos entreabiertos y sin tensión.
4. Relaje sus músculos progresivamente desde los pies hasta la cabeza, pasando por pantorrillas, muslos, abdomen, hombros y cuello.
5. Respire naturalmente y mientras lo hace repita en su interior al final de cada espiración la palabra que haya elegido.
6. Adopte una actitud pasiva y no se preocupe por si lo está haciendo bien o mal. Si surgen pensamientos en su mente, simplemente suspire y vuelva a concentrarse en la repetición de la palabra elegida al final de cada espiración.
7. Continúe entre 5 y 20 minutos.
8. Cuando decida terminar el ejercicio, siga sentado tranquilamente durante un minuto escuchando los sonidos que llegan desde el exterior. Luego, abra los ojos con suavidad y permanezca sentado otro minuto antes de ponerse de pie.

grupo específico de 175 neuronas en esta área del cerebro de los ratones y comprobaron, a los pocos días, que los animales estaban remarcablemente tranquilos y presentaban un ritmo respiratorio relajado. Pudieron comprobar que las neuronas que habían silenciado en el marcapasos respiratorio del cerebro estaban directamente en contacto con otras estructuras que regulan las emociones y la agitación mental. Este estudio propone que se trata del mismo mecanismo que activa la respuesta de relajación en los seres humanos a través de las prácticas meditativas, sin necesidad de la tecnología molecular empleada para crear estos ratoncitos zen.

Volviendo a la historia de las neurociencias contemplativas, mientras Benson medía la presión arterial de los meditadores trascendentales, tres jóvenes investigadores en las proximidades de su laboratorio también se interesaban por estos temas y publicaban en 1976 un estudio no demasiado bien recibido por la comunidad científica. Para risa y frustración de sus autores, la única revista que aceptó ese manuscrito firmado por Richard J. Davidson, Daniel Goleman y Gary Schwartz fue *The Journal of Abnormal Psychologies* (revista de las psicologías anormales).[12] Los autores describían que la práctica de meditación se asocia a un aumento en la capacidad de atención y a una disminución de rasgos de ansiedad. Con este estudio, Richard Davidson comenzaba a orientar su futura y brillante carrera en neurociencias hacia la convergencia de las tecnologías científicas más actuales con las tradiciones meditativas milenarias. Impulsor de las neurociencias afectivas y contemplativas, Davidson creó más tarde, en el año 2008, el Center for Healthy Minds[13] en la Universidad de Wisconsin Madison. Desde su laboratorio han surgido y continúan surgiendo algunos de los descubrimientos más relevantes sobre los efectos de la meditación en la estructura y las funciones del cerebro y sus posibles aplicaciones clínicas

y educativas. Investigadores de la talla de Clifford Saron y
Antoine Lutz formaron parte del equipo que contribuyó a la
creación de este centro único en el mundo, dedicado a aportar nuevas ideas y herramientas para mejorar el bienestar de
las personas de todas las edades y que hoy reúne a más de un
centenar de investigadores y colaboradores del mundo entero, entre quienes tengo el honor de contarme.

Simultáneamente, en el hospital de Massachussets, muy
cerca de Harvard donde Benson, Davidson y otros investigadores realizaban sus estudios pioneros en este campo, un
joven biólogo molecular, llamado Jon Kabat-Zinn, publica-
ba en 1982 un artículo científico describiendo los resultados
prometedores de un programa basado en un tipo de práctica de meditación llamada «mindfulness» o atención plena
para el tratamiento del dolor crónico en pacientes no hos-
pitalizados.[14] Kabat-Zinn diseñó uno de los programas mejor estructurado de entrenamiento mental basado en técnicas
meditativas, que más tarde fue adaptado para su aplicación
en diversas condiciones clínicas y no clínicas. El programa
es conocido mundialmente como Mindfulness-Based Stress
Reduction (MBSR), y se traduce al español como Programa
de Reducción del Estrés Basado en la Atención Plena. Se trata de una formación práctica de ocho semanas de duración
en la que los participantes asisten a una clase grupal de dos a
tres horas de duración por semana y se comprometen a practicar las técnicas que aprenden durante unos 40 minutos cada
día de esas 8 semanas; reciben material grabado y manuales
para ello. El programa también incluye una jornada de práctica grupal intensiva de unas ocho horas de duración.

Kabat-Zinn propuso una definición de la práctica de la
atención plena desprovista de toda connotación oriental o re-
ligiosa, es decir, cien por cien secular, lo que facilitó la integración de su programa en el ámbito clínico. La definición

La definición de mindfulness de Jon Kabat-Zinn

«Prestar atención al momento presente de un modo particular,

ATENCIÓN PLENA

- Seleccionar un objeto interno o externo (por ejemplos la respiración o los sonidos que nos llegan desde el exterior).
- Mantener la atención en el objeto seleccionado y a la vez vigilar la aparición de distracciones (pensamientos, sensaciones, emociones).
- Desconectar de las distracciones que puedan presentarse sin darles mayor importancia.
- Redirigir la atención de inmediato al foco seleccionado.

»voluntariamente,

INTENCIÓN

Se trata de una práctica voluntaria por definición, no puede ser impuesta.

y sin juzgar la experiencia.»

CULTIVO DE LA ACEPTACIÓN

Mantener una actitud abierta sin dar lugar a juicios de tipo "yo no sirvo/ esto no sirve/lo estoy haciendo bien o mal".

describe los aspectos principales de la práctica: «prestar atención, de una manera particular, voluntariamente y sin juzgar la experiencia» (veáse pág. 32). Esta habilidad de conec-
tar con el momento presente a través de la atención plena es
efectiva para disminuir significativamente el estrés y la ansiedad. Desde su creación, los efectos neurofisiológicos del
programa diseñado por Kabat-Zin son el tema central de centenares de investigaciones científicas en el mundo entero.

LA REVOLUCIÓN DEL MINDFULNESS

En su número del 23 de enero de 2014, la influyente revista
Time dedicó su portada a un fenómeno emergente, que bau-
tizó como la *mindful revolution* («la revolución de la atención plena»). La portada anunciaba con un cierto sesgo social, bajo la foto de una mujer rubia, joven y atractiva con
los ojos cerrados y expresión apacible, una nueva ciencia
para ayudar a encontrar el equilibrio dentro de nuestra sociedad estresada y nuestra cultura multitareas. Lo cierto es
que los sondeos realizados por el Centro Nacional de Salud
Complementaria e Integrativa (NCCIH), dependiente de los
Institutos Nacionales de Salud (NIH) de los Estados Unidos
de América, revelaron ya en el año 2004 que más de 20 millones de personas adultas practicaban o habían practicado
algún tipo de técnica de meditación para promover el bienestar personal.[15] Según informes más recientes, se trata de una
tendencia que sigue en aumento. ¿Pero la atención plena tiene verdaderamente una base científica o es un producto de
marketing? ¿Es una burbuja más de nuestra sociedad de consumo? En realidad, hay mucho de cada uno de estos aspectos.
Encontramos empresas que nos venden aparatos para lograr
en dos sesiones cortas las mismas ondas cerebrales del Dalái

Lama en meditación. Existen instructores de mindfulness sin suficiente formación o práctica personal propia y que, sin embargo, se sienten preparados para enseñar estas técnicas. Existen aplicaciones de móvil que nos prometen la iluminación *express* sin ningún tipo de contacto humano. Nos rodean miles de libros, revistas de divulgación, gurus y métodos que tienen más en común con la *fast-food* que con el bienestar a largo plazo. Actualmente, la oferta del mindfulness no difiere de la de cualquier otro artículo de consumo en una sociedad materialista. El escenario es complejo y el *boom* comercial del mindfulness puede que vaya apaciguándose poco a poco en los próximos años. Pero hay un elemento clave que a mi modo de ver poco tiene que ver con las modas. Se trata de la explosión en la investigación científica acerca de los efectos positivos de las prácticas meditativas sobre la regulación emocional y atencional y su impacto a múltiples niveles, por ejemplo, en la estructura y la función del cerebro, en el sistema inmunitario y procesos de inflamación, en el envejecimiento celular y en la regulación epigenética. Tan solo en los últimos 5 años se han realizado más de 300 ensayos clínicos para explorar las aplicaciones terapéuticas de intervenciones basadas en la meditación y también durante dicho período se han publicado más de 1.800 artículos científicos acerca de distintos aspectos, efectos y aplicaciones de la meditación. Evidentemente, no todos estos estudios son de la misma calidad científica ni aportan pruebas del mismo peso estadístico, como en cualquier área de la ciencia. Pero muchas de estas investigaciones son de un nivel excelente y, por ello, se publican en revistas de alto impacto y especializadas en el ámbito biomédico.

Ningún científico riguroso ni ningún maestro de meditación comprometido con su práctica dirá que las técnicas de mindfulness, ni la meditación en general, son adecuadas para prevenir o curar todos los males. Tal cosa no existe y afirmaciones de este tipo son simplemente estrategias de *marketing*. Pero lo que sí es cierto es que la práctica de la meditación, poco a poco, nos entrena para percibir la realidad de una manera menos dolorosa, para detectar y aceptar las situaciones que no podemos cambiar, para ser proactivos sobre las que sí podemos cambiar y para cultivar emociones positivas. Como describo a lo largo de este libro, entre los beneficios de integrar este tipo de prácticas a nuestros hábitos cotidianos encontramos mejoras en la resistencia al estrés, transformaciones en el cerebro y también cambios más microscópicos que se instalan en las células y adornan nuestro ADN.

3. LA MEMORIA BIOLÓGICA DEL ESTRÉS

El blues de las neuronas

Haciendo cálculos, nuestro cerebro no tiene nada que envidiarle a las posibilidades de conexión de las redes sociales. En el cerebro hay más de 100.000 millones de neuronas, células nerviosas altamente especializadas que conducen y transportan múltiples señales eléctricas y bioquímicas. Cada una de estas neuronas emite ramificaciones cortas llamadas dendritas que contienen entre 10.000 y 200.000 puertas de entrada para recibir mensajes provenientes de otras neuronas. Cada neurona también emite una única ramificación de mayor longitud llamada axón, con múltiples puertas de salida de mensajes hacia otras células. A diferencia de lo que se creía hasta hace pocas décadas, esta inmensa red neuronal del cerebro tiene la capacidad de modificarse y transformarse durante toda la vida en respuesta a diferentes factores, entre ellos el entorno, las experiencias y el estilo de vida. Este proceso se denomina neuroplasticidad o plasticidad cerebral y permite que ocurran cambios en la regulación emocional, el aprendizaje y la memoria, entre otras de las múltiples funciones del cerebro. Este tipo de cambios neuroplásticos pueden ser beneficiosos o perjudiciales, dependiendo de los estímulos que los originen. Mientras que, por ejemplo, practicar ejercicio físico o aprender un nuevo idioma o música da lugar a cambios neuroplásticos positivos, las noticias no son buenas si el detonante de la remodelación neuronal es el estrés.

¿Qué sucede en el cerebro frente a una situación de estrés crónico? En el año 2006, el equipo de neurocientíficos del laboratorio de neuroendocrinología de la Universidad Rockefeller en Nueva York, liderado por Bruce S. McEwen, reveló las primeras evidencias sobre el impacto del estrés en el cerebro y algunas de sus funciones a través de procesos neuroplásticos.[17] Si hay algo que verdaderamente estresa a los roedores es que no les dejen moverse. Por ello, estos investigadores estudiaron el cerebro de ratas de laboratorio después de mantenerlas inmóviles 6 horas cada día durante 21 días seguidos. Al cabo de esas 3 semanas, pudieron observar una disminución muy considerable del número y la longitud de las ramificaciones de las neuronas de la corteza prefrontal medial del cerebro de los animales estresados comparados con un grupo de animales no estresados. También observaron que cuanto más disminuía la densidad de la red neuronal en la corteza prefrontal, los animales presentaban más dificultades en su capacidad de mantener la atención, una de las funciones dependientes precisamente de dicha zona del cerebro. Este estudio demostró que el estrés crónico provoca la poda de neuronas necesarias para la atención y dio paso a investigaciones que confirmaron este mismo mecanismo en seres humanos revelando que tan solo un mes de estrés psicosocial provoca una alteración en nuestra capacidad de procesamiento prefrontal y en la atención.[18] Estos datos explican a nivel neuronal por qué el estrés crónico va muchas veces acompañado de dificultades en funciones cognitivas como la concentración y la toma de decisiones.

En modelos de estrés crónico en roedores, se ha visto una atrofia en las dendritas del hipocampo acompañada de una hipertrofia de las de la amígdala.[19] El hipocampo y la amígdala son dos regiones del cerebro esenciales para regular la respuesta al estrés. Ambas estructuras se comunican entre sí y con otras zonas del cerebro. El hipocampo ayuda a apagar la respuesta al estrés cuando ya no es necesaria. La disminución de su volumen asociada a situaciones de estrés crónico afecta a importantes funciones, como la memoria y la regulación emocional. La amígdala, por su parte, es una región que permite integrar emociones, comportamiento y motivación. Una actividad excesiva de esta región del cerebro se relaciona con estados de ansiedad y agresividad.

El estrés y los acontecimientos traumáticos tienen un impacto importante sobre la estructura del cerebro y sus funciones durante todas las etapas de la vida, incluidos ancianos y niños. Se ha descrito en personas mayores de 70 años que el aumento de cortisol (una de las principales hormonas del estrés) durante períodos prolongados provoca una reducción del tamaño del hipocampo y, como consecuencia, una disminución de la memoria.[20] En niños, el estudio de Hanson y colaboradores, realizado en la Universidad de Wisconsin, demuestra que el volumen de la corteza orbitofrontal del cerebro se encuentra reducido cuando hay una historia de maltrato físico en el entorno familiar. La corteza orbitofrontal participa en la adaptación a nuevas situaciones y desempeña un papel importante en el control de las emociones y la motivación. En el caso de niños maltratados, las alteraciones estructurales que se observan en la corteza orbitofrontal son probablemente en parte responsables de sus dificultades de adaptación y autorregulación en contextos sociales.[21]

LA IMPORTANCIA DE UN BUEN COMIENZO

Nuestra salud a lo largo de la vida está influenciada por el entorno familiar en el que nacemos y por las experiencias vividas durante la infancia más temprana.[22] Las experiencias adversas en la infancia, como el abuso físico o sexual, aumentan el riesgo de depresión, ansiedad, problemas de crecimiento o desarrollo intelectual, obesidad y enfermedad cardíaca durante la edad adulta.[23] Pero también en situaciones menos extremas, como puede ser crecer en un entorno familiar difícil con relaciones paterno o materno-filiales marcadas por la falta de cuidados y afecto, constituyen para los hijos un factor de riesgo de depresión, ansiedad, alcoholismo, enfermedades del corazón y diabetes en la edad adulta.[24] Afortunadamente, lo contrario también parece ser cierto. Por ejemplo, el impacto negativo sobre el desarrollo emocional y cognitivo de niños en entornos sociales desfavorecidos y sin recursos es, en parte, contrarrestado cuando en el núcleo familiar prevalecen los cuidados, el cariño y las emociones positivas.[25]

La programación epigenética es uno de los mecanismos responsables de los efectos neurofisiológicos a largo plazo del estrés crónico y de las experiencias adversas. Uno de los ejemplos mejor documentado en este sentido es el impacto de la falta de cuidados maternales durante las primeras etapas de vida. El famoso estudio realizado por el grupo canadiense dirigido por Michael Meaney en la Universidad McGill en Canadá demostró claramente que la calidad de la atención recibida en las primeras semanas de vida moldea la salud emocional de los pequeños con consecuencias que pueden acompañarlos durante toda la vida adulta.[26] Aunque las primeras pruebas de estos mecanismos epigenéticos se obtuvieron en modelos animales, el mismo tipo de alteraciones se confirmaron en seres humanos, como describiré más adelante. El grupo de Meaney observó algo llamativo en el comportamiento que tenían algunas ratas de laboratorio con sus crías, en particular durante las primeras semanas después de dar a luz. Mientras que algunas madres cuidaban a sus crías con mucha atención, lamiéndolas y arropándolas con su propio cuerpo para limpiarlas, mimarlas y protegerlas, otras madres dedicaban a sus crías mucho menos tiempo y cuidados. Se trataba de un rasgo de comportamiento espontáneo y arraigado en estos animales. Viendo esta conducta tan definida, el equipo de Meaney se dio cuenta de que contaba con un valioso modelo experimental para estudiar los efectos del cuidado maternal y lo aprovechó para intentar responder a varias preguntas fundamentales. ¿La falta de cuidados maternales durante las primeras etapas de la vida puede afectar a la salud emocional en la edad adulta? ¿Puede heredarse este tipo de comportamiento? ¿Cuáles son los mecanismos moleculares responsables de dichas alteraciones? ¿Puede suplir otro individuo a una madre biológica ausente durante los primeros días de vida y así evitar consecuencias negativas a largo plazo? ¿Existe la posibilidad de revertir en la edad adulta las consecuencias de la falta de un cuidado adecuado en la etapa postnatal? El elegante estudio publicado en el año 2004 en la revista científica *Nature Neuroscience* ofreció respuestas a todas estas preguntas.

El equipo de Meaney descubrió que las crías que al nacer no habían recibido suficientes cuidados maternales se convertían en adultos con estrés crónico, altos niveles de hormonas de estrés (específicamente de corticosterona, que es el equivalente en roedores al cortisol de los seres humanos) y padecían de ansiedad. Nada de esto se detectaba en las crías que habían recibido cuidados adecuados durante las primeras semanas de vida. Una de las observaciones más turbadoras de este estudio fue que las hijas repetían con sus propias crías el tipo de comportamiento de sus madres. Sin embargo, los investigadores comprobaron que no se trataba de la herencia genética de un rasgo de comportamiento, ya que si se reemplazaba a la madre poco cuidadora por una madre de adopción que se ocupaba con esmero de los pequeños, ninguna de las características mencionadas se manifestaban en la edad adulta: las crías presentaban un comportamiento idéntico al de las descendientes de madres biológicas afectuosas. Es decir, que los buenos cuidados durante las primeras semanas de vida, ya sea provenientes de la madre biológica o de una madre de adopción, daban como resultado adultos con una respuesta al estrés saludable y un comportamiento maternal afectivo hacia sus propias crías.

Los cuidados maternales y la epigenética

Normalmente, ante una situación que el cerebro interpreta como una amenaza, se liberan neurohormonas que viajan hacia las glándulas suprarrenales, localizadas por encima de los riñones. Estas glándulas son la fábrica de los glucocorticoides entre los que el cortisol (corticosterona en roedores) es el más abundante. Ante una situación de estrés, los niveles de cortisol pueden aumentar unas 20 veces en unos pocos minutos. Cuando los glucocorticoides alcanzan concentraciones suficientes como para hacer frente al estresor de manera eficiente, el cerebro recibe la orden de detener la respuesta al estrés a través de unos oídos muy finos. Se trata de los receptores para glucocorticoides que se encuentran en el hipocampo. Esta estructura del cerebro límbico, con funciones importantes sobre la regulación emocional y la memoria, informa al resto de las zonas del cerebro implicadas en la respuesta de estrés (hipotálamo e hipófisis) que es hora de frenar la artillería de neurohormonas. Así, los niveles de cortisol poco a poco van disminuyendo y la respuesta de estrés se apaga. ¿Pero qué sucede si el hipocampo está sordo, si no tiene suficientes receptores para glucocorticoides? En tal caso, el cerebro no registra que es hora de apagar la respuesta de estrés y continúa enviando señales para la liberación de más y más neurohormonas, generando un típico cuadro de estrés crónico.

Volviendo al cerebro de las ratitas del estudio de Meaney, lo que descubrieron estos investigadores fue que en el hipocampo de los animales que no habían recibido cuidados al inicio de sus vidas había una disminución significativa en la cantidad de receptores de glucocorticoides, es decir, que no tenían suficientes oídos para la corticosterona y, por ello, sufrían una situación de estrés crónico. El origen del problema se encontraba en ciertas modificaciones epigenéticas llamadas metilaciones que se colocan, en este caso particular, sobre el gen del receptor de glucocorticoides en el hipocampo y lo silencian. La metilación del gen del receptor de glucocorticoides en los animales descuidados al nacer se acompañaba de otra característica epigenética: la ausencia de grupos acetilo sobre las histonas próximas a ese gen, una señal adicional para su silenciamiento. Estas dos características epigenéticas (metilación del gen y desacetilación de las histonas) apagan el gen en cuestión porque lo esconden dentro de la madeja de ADN. Para quienes deseen comprender estos estudios y otros que describiré a continuación, recomiendo leer la sección «Para los curiosos de la biología» (véanse las págs. 120 y ss.). Allí describo de manera sencilla cómo se organiza el ADN en las células, qué es un gen, qué significa expresión génica y cómo se encienden y apagan los genes a través de modificaciones epigenéticas como la acetilación de las histonas y la metilación del ADN.

Meaney y sus colaboradores vieron que las modificaciones epigenéticas mencionadas se mantenían durante toda la vida de los hijos. Pero como antes describí, uno de los aspectos más interesantes de la epigenética es su combinación de estabilidad y reversibilidad. Esto significa que las alteraciones desencadenadas por modificaciones epigenéticas podrán eventualmente resolverse si se logra eliminar esas marcas moleculares. Gracias a este tipo de mecanismo, el final reconfortante del estudio fue la reversión en la edad adulta de las modificaciones epigenéticas y alteraciones en los hijos de madres poco cuidadoras. Los investigadores lograron volver a encender el gen silenciado en la infancia temprana y así aumentar el número de receptores de glucocorticoides en el hipocampo. De esta forma, los hijos adultos de ambos grupos de madres ya no se distinguían entre sí en cuanto a sus respuestas frente al estrés y los cuidados prodigados a sus propias crías.

En los experimentos del grupo de Meaney, la reversión de las marcas celulares del trauma postnatal se logró a través de un tratamiento farmacológico con tricostatina A.* Sin embargo, un estudio más reciente demostró que esto también puede conseguirse mediante la química propia del organismo, simplemente generando unas condiciones favorables de estilo de vida en la infancia. El equipo dirigido por Isabel Mansuy en el Centro de Neurociencias de Zúrich publicó en el año 2016 un estudio en el que un grupo de ratones fue separado de sus madres de forma impredecible du-

---

* La tricostatina A es una molécula que inhibe la actividad de las histona acetil deacetilasas (HDAC) y permite la unión de grupos acetilos en la histonas, encendiendo los genes vecinos. Es una sustancia para uso experimental en estudios de investigación; no es un medicamento utilizado en humanos.

rante 3 horas cada día durante las dos primeras semanas de vida.[27] Durante esas horas, también de manera impredecible, los pequeños se mantenían inmovilizados o debían nadar, un par de situaciones que estresan mucho a los ratones de cualquier edad. A partir de la tercera semana de vida, los ratones crecieron llevando una vida normal y tranquila y volvieron a ser estudiados en la edad adulta. Se observó que los adultos con historia de estrés en la infancia temprana tenían las mismas modificaciones epigenéticas que los animales del estudio anterior, es decir, una menor expresión del receptor de glucocorticoides en el hipocampo. Pero en este caso, la alteración no solo se encontraba en el cerebro, sino también en las células germinales, es decir, que potencialmente podía transmitirse a las siguientes generaciones. En cuanto al comportamiento, detectaron que estos ratones y su hijos tenían una menor resistencia a situaciones de estrés y una menor capacidad de aprendizaje para evitarlas. Sin embargo, si los ratones traumatizados durante las dos primeras semanas de vida se colocaban desde la tercera semana de vida en adelante en un entorno de enriquecimiento de ambiente (veáse pág. 46), en la edad adulta ya no tenían trazas del trauma ni transmitían esta experiencia a sus propios hijos. Las condiciones de vida favorables hacían desaparecer los cambios epigenéticos en el esperma de los padres con historia de estrés en la infancia y en el cerebro de sus crías.

Un entorno ideal

Imaginemos unos ratoncitos de laboratorio en un mundo feliz. En lugar de estar encerrados en la típica jaula que solo ofrece soledad, agua y comida, estos ratones comparten su vivienda con ocho o diez compañeros de ruta. La jaula en la que viven es espaciosa y está bien amueblada. Contiene varios juguetes de distintos colores, formas y texturas, además de agua y buena comida a voluntad. También incluye un gimnasio propio, formado por escaleras y ruedas que animan a los habitantes a practicar ejercicio físico. Todos los objetos se cambian de sitio periódicamente y, de vez en cuando, se reemplazan por otros diferentes para evitar que los pequeños habitantes caigan en cómodas rutinas. Este mundo feliz es el modelo experimental de enriquecimiento de ambiente, utilizado para estudiar en roedores los efectos de un entorno físico y social favorable sobre el comportamiento y la salud[32]. Este ambiente es rico a varios niveles: cognitivo, social, somatosensorial, motor y visual. Se ha comprobado que todo ello contribuye a una mayor integridad sináptica y a la plasticidad neuronal en el cerebro, a la vez que provoca beneficios en la memoria, el aprendizaje y la respuesta al estrés. Son sorprendentes los cambios epigenéticos que acompañan y probablemente causan estas mejoras. Por ejemplo, apenas pasadas tres horas dentro del ambiente enriquecido, comienzan a evidenciarse modificaciones epigenéticas en varias zonas del cerebro de los animales, incluyendo el hipocampo y la corteza cerebral[33]. ¿Podría suceder algo similar en seres humanos expuestos a condiciones de estilo de vida favorables? En efecto, mantener una vida social y afectiva satisfactoria, practicar ejercicio físico de manera regular, estimular la memoria y el aprendizaje son actividades que promueven un envejecimiento saludable también en nuestra especie. Asimismo, saborear el momento presente a través de la atención plena es una forma de enriquecimiento cognitivo y somatosensorial y, como describo más adelante, hemos visto que algunos de los cambios epigenéticos que se ven en roedores en respuesta a un entorno enriquecido se detectan en las células inmunitarias de los meditadores. (veáse pág. 68).

LOS CUIDADOS DE PAPÁ Y LA EPIGENÉTICA

Curiosamente, en ciertas especies de peces son los padres los encargados de proveer los primeros cuidados a las crías recién nacidas. Este es el caso de la especie *Gasterosteus aculeatus*, un pez pequeño, de unos seis centímetros de largo, conocido vulgarmente como espinoso o espinocho y que se caracteriza por tener tres espinas sobre su dorso y por su vientre rojo. A diferencia de las especies biparentales, donde las madres pueden compensar los cuidados en función del comportamiento de su pareja, en el pez espinoso son los padres quienes cuidan a las crías durante las dos primeras semanas de vida. Lo hacen defendiendo el nido de los depredadores, utilizando sus pectorales a modo de ventiladores para proporcionar oxígeno fresco a los embriones y recuperando a los pequeños que se alejan del nido. El comportamiento de los hijos frente a los depredadores, su resistencia al estrés y sus niveles de ansiedad en la edad adulta varían en función de la calidad de la atención paterna recibida durante esas dos primeras semanas de vida. Existen, en efecto, pruebas de laboratorio para medir la ansiedad en los peces. Por ejemplo, los movimientos erráticos al nadar y el tiempo que pasan pegados a las paredes de la pecera o picoteándolas son medidas de ansiedad en estas especies. Curiosamente, un pez padre que solo emprende las tareas defensivas, pero no está presente en el nido, no se considera un buen cuidador de las crías de esta especie y las consecuencias sobre ellas equivalen a las de un padre ausente. Katie McGhee, investigadora de la Facultad de Biología Integrativa de la Universidad de Illinois, y Alison Bell, del departamento de Zoología de la Universidad de Cambridge, demostraron que, como sucede en el modelo de cuidado materno en las ratas, la relación entre la calidad del cuidado paterno en estos peces y los niveles de ansiedad desarrollados por los hijos en la edad adulta, se asocia a ciertos cambios epigenéticos en los cerebros de los pequeños.[28] Específicamente, estas investigadoras descubrieron cambios en los niveles de una enzima llamada Dnmt3a (DNA metiltransferasa 3a) que es la responsable de colocar nuevos grupos metilo sobre los genes (veáse pág 128). Se sabe que los cambios de actividad de la Dnmt3a tienen efectos sobre el comportamiento y también sobre la neuroplasticidad en el cerebro.

Aunque existen mecanismos moleculares homólogos entre especies, evidentemente no podemos extrapolar al ser humano las observaciones obtenidas en ratas y peces. Sin embargo, un análisis prospectivo que realizó el seguimiento durante 30 años de más de mil familias sugiere que el comportamiento de descuido, maltrato o abuso de los hijos tiene un alto de riesgo de transmisión entre generaciones también en seres humanos.[29] Los cambios epigenéticos podrían ser similares entre especies, como demuestran varios estudios. Por ejemplo, el grupo de Meaney analizó una serie de cerebros *post mortem* de personas que se habían suicidado, algunas de ellas con una historia de maltrato durante la infancia y otras no. Detectaron que aquellos que habían tenido una infancia marcada por abusos presentaban la misma modificación epigenética identificada previamente en las ratas, la metilación del gen del receptor de glucocorticoide en el hipocampo.[30] Esta misma marca epigenética se encontró en células sanguíneas de adolescentes, de una edad promedio de 15 años, con historia de maltrato o experiencias traumáticas en la niñez. Tanto las experiencias adversas en edades tempranas como la metilación del gen del receptor de glucocorticoides se asociaron a una mayor vulnerabilidad a desarrollar psicopatologías en la adolescencia, en particular síntomas de trastorno límite de la personalidad.[31]

Estos descubrimientos demuestran que el entorno psicosocial en edades tempranas puede influenciar la salud, el comportamiento y las relaciones sociales durante toda la vida. Sin
embargo, el corolario más alentador de estos estudios es que
las marcas epigenéticas que dejan las experiencias tempranas adversas no determinan el bienestar y la salud de manera inexorable debido precisamente a su naturaleza reversible.
Uno de los temas de investigación más actuales de las neurociencias contemplativas consiste en diseñar intervenciones
eficaces en la prevención, el tratamiento e incluso la reversión
de secuelas psicoemocionales del estrés crónico y las experiencias adversas. En este sentido, empezamos a tener algunas pistas alentadoras. En un trabajo que recientemente rea-
licé en colaboración con Richard Davidson y Antoine Lutz,
demostramos que la práctica de meditación puede inducir
cambios moleculares similares a los del fármaco que revierte
las consecuencias de experiencias adversas tempranas en
animales. En nuestro estudio de meditadores expertos, estos
efectos moleculares también se relacionaron con una mejor
resistencia al estrés (veáse pág. 112).

4. LAS HUELLAS BIOLÓGICAS
DE LA VIDA DE LOS ANCESTROS

Lamarck, Darwin y el cuello de las jirafas

Érase una vez un naturalista-filósofo que propuso que el cuello interminable y las largas patas delanteras de las jirafas eran producto del ambiente árido y sin hierbas en que habitaban. De tanto estirarse para poder comer el único alimento disponible, las hojas en lo alto de los árboles, estos animales habían terminado por adquirir sus exóticas características físicas. A pesar de esta anécdota que ha servido para caricaturizar la figura de Jean-Baptiste Lamarck (1744-1829) durante casi dos siglos, estudios recientes sobre epigenética comienzan a rescatar parte de sus observaciones. A principios del siglo XIX, Lamarck reconoció la influencia del entorno, el comportamiento y los hábitos en los cambios adaptativos y funcionales en las diferentes especies. Propuso la idea de que nuevos hábitos y estructuras físicas se podían transmitir entre generaciones y hasta provocar la aparición de nuevas especies, de menor a mayor complejidad. Dichos cambios, según sus teorías, ocurrían a lo largo de inmensos períodos de tiempo, lenta e imperceptiblemente y solo si las variaciones del entorno iban acompañadas de la adopción de nuevos hábitos. Lo cierto es que, en el conjunto de su obra, Lamarck propuso algunas ideas equivocadas y poco consistentes, pero es necesario valorarlas en su conjunto y en el contexto de su época cuando, según sus propias palabras, el proceso de fecundación era aún un «misterio admirable». La genialidad en Lamarck es que formuló sus originales hipótesis 30 años antes de los inicios de la teoría celular, medio siglo antes de los trabajos de Mendel sobre la herencia genética, más de 60 años antes del descubrimiento de la unión de un óvulo y un espermatozoide como responsables de la fertilización y casi un siglo antes de la aceptación de la teoría de la selección natural de Darwin y Wallace.

Charles Darwin también creía firmemente en la transmisión de las características adquiridas entre generaciones, fenómeno al que identificó como una de las fuentes de cambios sobre los que actúa la selección natural. En su tratado de 1868, *The variation of Animals and Plants under Domestication*, Darwin dice: «A través de un análisis simple, resulta incomprensible cómo los cambios en las condiciones del embrión, del animal joven o del adulto pueden causar modificaciones hereditarias. Es igualmente o incluso más incomprensible con un simple análisis, cómo pueden heredarse el uso o desuso continuo durante mucho tiempo de alguna parte o el cambio de hábitos del cuerpo o de la mente. Un problema más desconcertante difícilmente pueda ser propuesto; pero en nuestra opinión, sólo podemos suponer que ciertas células terminan por modificarse no sólo funcionalmente sino estructuralmente y que ello deriva de gémulas modificadas de manera similar» (Darwin, 1868).[34] Las gémulas eran las partículas que Darwin imaginó para explicar la herencia, antes de la aceptación de los trabajos de Mendel y del nacimiento de la ciencia de la genética. A diferencia de Lamarck, que no hizo nunca referencia a mecanismos de herencia, Darwin fue quien, de este modo, ofreció la primera teoría para explicar cómo ciertas características adquiridas por uso o desuso se transmitirían de una generación a la siguiente.

Dando un salto a tiempos más recientes, existen ya datos que coinciden con algunos de los conceptos más importantes de la visión que Lamarck y Darwin compartieron; por ejemplo, la adquisición y transmisión de nuevos hábitos como desencadenantes críticos de cambios evolutivos en los pájaros y otras especies más complejas como primates y humanos. Wyles y colaboradores[35] proponen que «la fuerza motora de la evolución a nivel de organismos es el comportamiento aún más que el entorno». Según estos investigadores, esto ocurre en especies que pueden a la vez innovar en el comportamiento y propagar socialmente nuevos hábitos. ¿Innovación en el comportamiento y propagación social de nuevos hábitos? Pocas especies responden a estos criterios de manera más radical que el ser humano del siglo XXI. La ciencia de la epigenética está comenzando a explorar experimentalmente hipótesis provocativas sobre transmisión intergeneracional de características adquiridas en respuesta al entorno, al comportamiento y al estilo de vida. Los nuevos conocimientos quizás catalicen un cambio en la visión individualista y terminal que caracteriza a nuestra época y ayuden a extender el campo de mira hacia unos cuantos siglos y generaciones por delante. Es tiempo de actuar con una perspectiva multigeneracional, reflexionando sobre cómo impactarán en el futuro de nuestra especie y de nuestro planeta el entorno que nosotros mismos creamos y el estilo de vida que nosotros mismos elegimos.

LA VIDA INFINITA

Existió una familia hace unos 1.000 años que adoptó una costumbre muy curiosa. Decoraban la habitación de los recién nacidos con flores de un árbol de la región, de aroma dulce y relajante. El ritual se repitió año tras año, durante cinco generaciones. De tatarabuelos a tataranietos, todos en la familia durmieron rodeados de ese aroma durante sus primeras semanas de vida. Hacia la sexta generación, una persistente sequía impidió la floración de los árboles. La aridez en la región duró algunos años, y a partir de entonces la costumbre de esta familia se perdió. Sin embargo, algo sorprendente continúa sucediendo hasta el día de hoy en los descendientes del antepasado milenario. Cuando huelen el aroma dulce y relajante de esas flores, caminan como hechizados hacia la fuente del perfume, sin saber por qué, sin haberlo sentido nunca antes.

Imaginé esta fábula al leer un estudio científico que describe exactamente este fenómeno. Para comprender los efectos que ciertos factores del entorno ejercen sobre múltiples generaciones, en los laboratorios de investigación se suelen utilizar organismos que tienen una vida media muy corta, ya sea unas pocas semanas o días. Realizar el seguimiento de una misma familia de seres humanos durante cuarenta generaciones requeriría más de mil años, por ello los datos en humanos de los que disponemos actualmente se remontan como mucho a dos o tres generaciones. Pero en el caso del gusano *Caenorhabditis elegans*, que vive escasos días, pueden rastrearse decenas de generaciones con relativa facilidad y en plazos razonables. Fue precisamente esto último lo que realizó el investigador francés, Jean Jacques Remy.[36] El experimento fue el siguiente: durante cinco generaciones de un linaje familiar, las larvas se expusieron a un olor específico, pero la exposición se abandonó a partir de la sexta generación. Como narra la fábula, cuando algo así ocurre en el gusano *C. elegans*, hasta cuarenta generaciones conservan la memoria del olor en cuestión y se desplazan hacia ese perfume (pero no hacia otros) cuando lo perciben, ¡aunque solamente las cinco primeras generaciones hayan sido expuestas al mismo en estadio larval! Pero no solamente se desplazan, sino que también ponen más huevos al encontrarse en un ambiente con ese perfume. Este cambio de comportamiento conlleva un aumento en la tasa de reproducción porque interpretan que ese aroma es un entorno favorable y seguro. Este experimento es el único que de momento ha demostrado una transmisión transgeneracional que perdura como mínimo 40 generaciones. Muy recientemente, el fenómeno de herencia de un factor del entorno se demostró una vez más en gusanos *C. elegans,* alcanzando hasta 14 generaciones.[37] En este último estudio, investigadores catalanes pudieron determinar que el mecanismo responsable de esta transmisión actuaba a través de oocitos y esperma y consistía en una alteración en la metilación de histonas, demostrando por primera vez en un modelo animal un mecanismo de herencia epigenética de un rasgo adquirido capaz de transmitirse a través de tantas generaciones.

Aunque sabemos que muchos mecanismos moleculares encuentran sus homólogos entre especies evolutivamente muy alejadas, es evidente que no podemos extender las conclusiones sobre la biología de los gusanos a los seres humanos. Sin embargo, nada nos impide imaginar, como si de una película de ciencia ficción se tratara, qué sucedería si esto también ocurriera en nuestra especie. En los seres humanos, 40 generaciones de adultos por línea de descendencia directa supondrían unos 1.000 años, si fijamos arbitrariamente la edad de reproducción en 25 años. Si existiera la posibilidad remota de que un factor del entorno persistente durante poco más de un siglo (5 generaciones x 25 años) dejara sus huellas durante 1.000 años (40 generaciones x 25 años), surge una pregunta fascinante: ¿hasta qué punto los cambios en el entorno, casi dentro de los límites cronológicos de nuestra existencia humana, podrían modificar el comportamiento y la biología de nuestra especie? ¿Qué sucedería si esos cambios tuvieran que ver con el cultivo de emociones positivas, altruismo, solidaridad, paz, hábitos saludables, conciencia ecológica? Creo que las medidas necesarias para poner a prueba esta hipótesis no son en absoluto desproporcionadas en relación con sus posibles beneficios.

LA NATURALEZA DE LA INTERDEPENDENCIA

La pregunta que se hacía Darwin («[...] resulta incomprensible cómo los cambios en las condiciones del embrión, el animal joven o adulto pueden causar modificaciones hereditarias...») es actualmente mucho menos incomprensible y comenzamos a conocer los mecanismos que permiten transmitir las modificaciones epigenéticas en todas las etapas de la vida de un individuo, incluidos los períodos prenatal y preconcepcional, cuando solo se existe en potencia, bajo la forma de células germinales en los futuros padres y madres que quizás aún ni siquiera hayan cruzado sus caminos. En general, este es un proceso poco frecuente ya que la naturaleza es sabia y cuando un óvulo y un espermatozoide se fecundan se pone en marcha un mecanismo de «borrado» de la mayoría de las marcas epigenéticas, para que el desarrollo fetal sea correcto y los recién nacidos comiencen la existencia con una epigenética sin trazas de la vida de sus ancestros. Sin embargo, existen cada vez más evidencias de situaciones donde esto no ocurre así y ciertas modificaciones de las células germinales de los progenitores escapan a los mecanismos de borrado.

Un factor del entorno que incida sobre una mujer embarazada está potencialmente actuando sobre tres generaciones al mismo tiempo: la mujer embarazada (F_0), el futuro hijo o hija (F_1), y sus eventuales nietas y nietos que se encuentran ya en forma de células germinales en el feto (F_2) (véanse páginas 58 y 59). F es una nomenclatura utilizada en estudios biológicos y representa al término «Filial», indicando las sucesivas generaciones de una línea familiar. Si la generación F_1 (hijos o hijas) o F_2 (nietas o nietos) presentan alteraciones debidas a la exposición de la F_0, estamos en presencia de una transmición multigeneracional. Si, como en el caso del gusano C. *elegans*, el efecto se sigue observando en generaciones que nunca estuvieron expuestas al factor del entorno (ni durante la etapa prenatal, ni en forma de células germinales), se trata de una transmisión transgeneracional.[38] En estos casos, por mecanismos no del todo comprendidos aún, algunas marcas epigenéticas persisten y se transmiten de generación en generación.

El fenómeno de transmisión intergeneracional no solo es desencadenado por factores que afectan a una madre gestante; se ha demostrado que la transmisión multi- o transgeneracional también puede ocurrir por línea paterna. Esto se debe a que los hombres (F_0) también llevan dentro de ellos las células germinales que potencialmente algún día darán lugar a su descendencia (F_1). Un ejemplo de transmisión multigeneracional por vía paterna es el descrito por científicos australianos en el año 2010,[39] en un estudio que demuestra hasta qué punto la dieta preconcepcional del padre puede afectar la salud de sus hijas en la edad adulta. Estos investigadores alimentaron ratas macho a partir de las 3 semanas de edad con una dieta equilibrada (grupo control) o con una dieta alta en grasa (grupo experimental). Los animales con una dieta grasa aumentaron su peso y grasa corporal y desarrollaron síntomas de diabetes de tipo 2 (intolerancia a la glucosa y resistencia a la insulina). Hasta aquí nada nuevo. La sorpresa

¿Cómo ocurre la transmisión epigenética multigeneracional?

Un factor del entorno que incida sobre una mujer embarazada está potencialmente actuando sobre tres generaciones al mismo tiempo: la mujer embarazada (F_0) (F viene de *filial*), el futuro hijo o hija (F_1), y sus eventuales nietas y nietos que se encuentran ya en forma de células germinales en el feto (F_2). A partir de la tercera generación (F_3) se habla de transmisión transgeneracional, ya que no ha habido exposición al factor ambiental en ninguna etapa. La transmisión multi- o transgeneracional también puede tener su origen en la línea paterna. Esto se debe a que los hombres (F_0) también llevan dentro de ellos las células germinales que potencialmente algún día crearán a sus hijos e hijas (F_1).

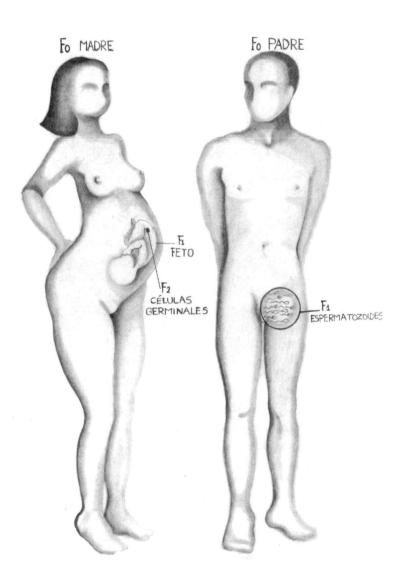

F₀ MADRE

F₀ PADRE

F₁
FETO

F₂
CÉLULAS
GERMINALES

F₁
ESPERMATOZOIDES

llegó cuando a las 14 semanas de edad, los machos de cada grupo (dieta control o dieta grasa) fecundaron a hembras que habían sido alimentadas toda su vida con una dieta equilibrada. Las crías de estos dos grupos se estudiaron tiempo después en su edad adulta. Se observó entonces que las hijas de padres alimentados con una dieta grasa, a pesar de haber recibido ellas mismas toda su vida una dieta equilibrada, heredaban de sus padres algunas características típicas de diabetes de tipo 2, como son la intolerancia a la glucosa y los defectos en la secreción de insulina. También presentaban un perfil de expresión génica anormal en las células pancreáticas encargadas de la secreción de insulina. Nada de ello ocurrió en las hijas de padres alimentados con dietas equilibradas. Estas observaciones indican que cuando los padres en potencia consumen de manera habitual dietas grasas, se altera la epigenética de su esperma y ello promueve la transmisión de riesgo de patologías metabólicas a sus descendientes. Este fenómeno ya comienza a describirse en seres humanos. En los espermatozoides de hombres obesos se han descubierto factores epigenéticos potencialmente transmisibles a la descendencia relacionados con el desarrollo y funciones del cerebro y el metabolismo.[40] Son numerosos los estudios que también describen el fenómeno de transmisión epigenética multigeneracional debida a la alimentación materna antes de la concepción y durante la etapa prenatal.

Pero no solo una dieta poco saludable puede provocar efectos multigeneracionales. Como veremos a continuación, las huellas del estrés, la depresión y el trauma también pueden transmitirse a la descendencia en forma de marcas epigenéticas que provocan alteraciones metabólicas, psicológicas, cognitivas y de comportamiento.

HISTORIAS DE FAMILIA

No es algo muy frecuente conocer cuál era la salud emocional de nuestros padres poco antes de concebirnos ni durante nuestra vida prenatal. Este tema de conversación no es habitual entre padres e hijos, como tampoco lo son cuestiones familiares que pueden resultar incómodas o dolorosas, por ejemplo si los abuelos o bisabuelos pasaron por experiencias traumáticas o de precariedad en tiempos de guerra o períodos de inmigración. Sin embargo, empezamos a saber que este tipo de información podría ser muy útil para la gestión de la salud física y mental en las familias. Recientemente, la epigenética multigeneracional ha comenzado a abrir una nueva caja de Pandora que deja entrever las conexiones entre las historias de vida, los mecanismos biológicos y las consecuencias que pueden salpicar a generaciones.

Cuando una mujer acude por primera vez a una consulta médica por embarazo se ponen en marcha una serie de pruebas y recomendaciones que incluyen ecografías, análisis de sangre, prescripción de algunos suplementos vitamínicos y consejos dietéticos en el mejor de los casos, pero raramente se le pregunta a la futura madre por su estabilidad emocional o su nivel de estrés. A la luz de los nuevos descubrimientos, esto es algo que debería formar parte de los primeros datos de rutina a considerar cuando una mujer decide tener un hijo para poder proveerle rápidamente, en caso de ser necesario, un apoyo adecuado durante el embarazo y el postparto. Esto es lo que podemos concluir a partir de numerosos estudios que han seguido de cerca a niños y adolescentes cuyas madres sufrieron de ansiedad o depresión pre- o postnatales, incluyendo en este último caso a las madres adoptivas. Estos niños tienen un riesgo elevado de sufrir ansiedad, dificultades en el comportamiento social, dificultad a la hora de gestionar cambios y situaciones nuevas, menor capacidad de recuperación frente a situaciones estresantes, inseguridad, dificultad en la regulación de emociones negativas, miedo, baja autoestima y depresión. Tales son los abrumandores datos recogidos en los últimos 10 años en más de 20.000 familias de todo el mundo, desde Sudáfrica hasta Finlandia, siguiendo la evolución cognitiva y psicológica de los hijos desde el nacimiento hasta la adolescencia.[41] La depresión materna durante el embarazo también puede afectar a los hijos en el aprendizaje, lenguaje o capacidad de alcanzar objetivos. En este contexto, se ha demostrado que el apoyo social a madres con sintomatología depresiva contribuye a proteger el desarrollo cognitivo de los hijos.[42]

Si la salud psicológica y emocional de la madre no es tema prioritario en las visitas médicas por embarazo, aún menos frecuente es indagar sobre los niveles de estrés y los hábitos de estilo de vida del padre en los meses previos a la concepción. Uno de los primeros estudios que dio pistas sobre el impacto del estrés preconcepcional paterno se publicó en el año 2013.[43] Rodgers y su equipo de la Universidad de Pennsylvania realizaron un experimento con ratones macho, exponiéndolos a un factor de estrés crónico durante las seis semanas previas a cruzarlos con la futura madre de sus crías. La situación de estrés no tenía que ver ni con el dolor físico ni con la falta de alimento o agua. Se trataba de condiciones que ponen nerviosos a los ratones, por ejemplo, que la luz esté encendida más de 24 horas seguidas, el olor de un animal depredador, la presencia de un objeto desconocido en la jaula durante la noche, cambiar de jaula, ruidos molestos para sus oídos, encontrar húmeda la superficie donde duermen o no poder moverse. Durante 42 días, un grupo de ratones se encontró cada día de manera alternada e impredecible con alguno de estos estresores. Lo que se observó fue que los hijos de

padres estresados antes de la concepción presentaban alteraciones en su respuesta al estrés, tanto en la pubertad como en
la edad adulta. Los descendientes de padres estresados mostraban niveles alterados de corticosterona (el cortisol de los
roedores) además de cambios en la expresión de genes en el
núcleo paraventricular, una región del hipotálamo que es responsable de desencadenar la respuesta al estrés desde el cerebro hacia las glándulas suprarrenales. Nada de ello sucedía
en los descendientes de padres no estresados. Este estudio demostró que el esperma de los padres estresados contenía cambios importantes en factores de transmisión epigenética. Se
trata de unas pequeñas moléculas llamadas microARN, que
tienen por función destruir o detener al mensajero del gen antes de que se sintetice la proteína, silenciando de esta forma
la actividad génica. Estudios muy recientes en ratones indican
que el impacto del estrés preconcepcional paterno a través de
este tipo de factores epigenéticos puede extenderse al menos
sobre hijos y nietos.[44] Comenzamos a tener datos similares en
humanos y el gen del receptor de glucocorticoides vuelve a
ser una de las dianas del estrés crónico y de la ansiedad en las
madres gestantes, como ya vimos en el modelo de falta de cuidados maternales y en respuesta a otras experiencias adversas
en ratones y seres humanos[45] (véanse págs. 43 y 49).

En muchos casos, los entornos desfavorables durante el
período preconcepcional y prenatal suelen tener continuidad
durante la etapa postnatal, algo que influye sobre la salud de
toda la familia y que puede agravarse en situaciones socioe-
conómicas desfavorecidas.[46,47] Un dato bastante desconocido
es que la depresión postparto también afecta a un 10% de los
hombres y tiene un fuerte impacto en sus parejas[48] y en las
relaciones con sus hijos.[49] Como ya se demostró en modelos
animales y también en estudios epidemiológicos en seres humanos,[50] una de las consecuencias más graves de la acumula-

ción de situaciones psicoemocionales adversas es la posible
repetición de patrones negativos y comportamientos de riesgo a través de sucesivas generaciones.

Todos estos estudios destacan la necesidad de sensibili-
zar a los futuros madres y padres sobre el impacto de su propio estrés y salud mental en el desarrollo físico, cognitivo y
emocional de los hijos y también revelan la necesidad de im-
plementar intervenciones dirigidas a contextos familiares de
riesgo. Aunque los programas basados en la atención plena
(mindfulness) exploran generalmente la dimensión intraper-
sonal, existe cada vez más interés en potenciar cualidades positivas en las relaciones interpersonales a través de este tipo
de intervenciones, en particular en el contexto de la crian-
za. Varios estudios recientes aportan resultados prometedores de este tipo de programas en la reducción de problemas
de comportamiento en niños y adolescentes, en el desaro-
llo de vínculos positivos entre padres e hijos, en el bienestar
general de los padres[51] y en la disminución de síntomas depresivos y la prevención de recaídas depresivas en las etapas
de embarazo y postparto, tan importantes para la salud de la
madre y de los futuros hijos.[52]

La herencia del miedo

Hace poco, tuve la oportunidad de ver la película peruana *La
teta asustada* y no pude evitar pensar en un estudio científico
que se realizó en la Facultad de Medicina de la Universidad
de Emory en Atlanta y se publicó en la prestigiosa revista
científica *Nature Neuroscience* en el año 2014.[53] Esta película trata acerca de la herencia del miedo. Narra la historia de
una joven, Fausta, que sufre de una extraña condición adquirida durante su vida prenatal y que algunos pueblos indíge-

nas de los Andes llaman la «enfermedad de la teta asustada». A partir de los años ochenta, a raíz de los conflictos tan violentos que se vivieron en Perú, se produjo un aumento en los casos de jóvenes con síntomas de trauma. El pueblo quechua atribuyó este fenómeno a una transmisión del miedo de madre a hijos durante el embarazo y la lactancia. En la película, Fausta padece el miedo que ha heredado de su madre, que fue violada mientras la gestaba. A la muerte de su madre, Fausta se enfrenta a sus miedos para poder abrirse al mundo y encontrar el antídoto para revertir su mal.

Apoyando las observaciones del pueblo quechua, en el estudio de Dias y Ressler se demuestra en ratones de laboratorio que el miedo puede transmitirse entre generaciones. Para llegar a estas conclusiones, los investigadores realizaron una serie de experimentos de condicionamiento, al estilo de los famosos estudios que Pavlov realizó con perros a principios del siglo pasado, presentándoles un estímulo sonoro a la vez que les daba comida. En poco tiempo, los perros comenzaban a salivar simplemente al escuchar el sonido. En este caso, los futuros padres recibían una leve descarga eléctrica en una sala perfumada con un olor similar al de las cerezas. De esta manera, estos animales fueron condicionados al miedo en presencia de ese perfume. A continuación, los científicos utilizaron los espermatozoides de estos ratones condicionados para fecundar a las hembras no condicionadas. Nacieron así los hijos y más tarde los nietos. A partir de su nacimiento, el comportamiento de hijos y nietos fue estudiado meticulosamente. Lo que se observó, una y otra vez, fue una sorprendente reacción de miedo en estas dos generaciones de descendientes cuando sentían concretamente el olor de las cerezas, a pesar de no haber sido expuestas nunca antes a este. La transmisión del miedo a las siguientes generaciones también se observó por vía materna, es decir, cuando los investigadores condicionaron a las hembras antes del embarazo y las cruzaron después con machos no condicionados. Este tipo de transmisión ocurre a través de factores epigenéticos presentes en las células germinales, como pudo demostrarse en experimentos en los que la fecundación se realizó por inseminación artificial, sin contacto físico entre madre y padre ni antes ni después del nacimiento. Los investigadores estudiaron la estructura de los cerebros de los padres condicionados al miedo y los de sus hijos. Encontraron que los cerebros de ambos tenían cambios estructurales en un área que regula el olfato y también cambios en la metilación de un gen responsable de la detección de olores.

¿Significan estos descubrimientos que la herencia del miedo también ocurre en seres humanos? Por el momento, no tenemos datos científicos para afirmarlo, pero todas estas observaciones destacan el potencial impacto de las experiencias psicológicas sobre varias generaciones y el interés de los programas que actualmente se están comenzando a aplicar para entrenar a adultos, adolescentes y niños en la gestión del estrés, el cultivo de la compasión y la regulación emocional, como veremos a continuación.

5. LA NEUROFISIOLOGÍA DE LA MEDITACIÓN

EL CEREBRO DE LOS MEDITADORES

En el año 2005 se publicó el primer estudio que sugirió que la práctica meditativa tiene ciertos efectos preventivos sobre la pérdida de masa cerebral asociada al envejecimiento.[54] Es importante tener en cuenta que la pérdida de masa cerebral y de memoria propia del envejecimiento de un ser humano sano no comienza a edades avanzadas sino mucho antes. Al examinar el cerebro de personas entre 7 y 87 años se observan cambios progresivos en la corteza cerebral.[55] Desde la niñez, la densidad de materia gris del cerebro, que refleja el conjunto formado por el número de neuronas, otros tipos celulares y capilares sanguíneos, comienza a disminuir lenta pero inexorablemente. Hasta alrededor de los 40 años de edad, esa disminución de la materia gris va en paralelo a un aumento complementario de la materia blanca, que es la responsable de que la transmisión de la información en el cerebro sea más rápida y eficiente. Pero a partir de los 40 años, tanto la materia blanca como la gris decaen y el espacio que dejan vacante es ocupado por líquido cefalorraquídeo. A nivel funcional, estos cambios van acompañados de un declive en funciones como la memoria. Existen algunas formas de memoria que son sumamente estables, por ejemplo la capacidad de recordar datos básicos de cultura general. Si preguntamos a una persona cuál es el último día del año, responderá muy probablemente el 31 de diciembre, tenga 20 o 90 años. Sin embargo, existen otros tipos de memoria como la llamada memoria de trabajo. Se trata de datos que almacenamos para poder utilizarlos poco después, por ejemplo al memorizar un número de teléfono o una lista de nombres. Este tipo de memoria comienza a decaer en general a partir de los 35 o 40 años de edad.[56] La buena noticia es que desde hace unos pocos años comenzamos a saber que hay maneras de mantener el cerebro en forma, por ejemplo practicando regularmente ejercicio físico, estudiando un nuevo idioma o aprendiendo a tocar un instrumento musical; también las prácticas meditativas parecen ayudar en este sentido.

En el estudio pionero de Lazar y colaboradores que mencioné antes, los meditadores llevaban años practicando un tipo de práctica basada principalmente en dirigir la atención hacia estímulos internos, como las sensaciones corporales, las emociones y los pensamientos. Estos meditadores expertos presentaban un mayor volumen en zonas del cerebro relacionadas con funciones somatosensoriales, auditivas, visuales y de procesamiento emocional y cognitivo comparados con un grupo de control formado por personas que nunca habían meditado. En el estudio en cuestión, Lazar y sus colaboradores no pudieron determinar si la peculiar estructura del cerebro de los meditadores ya existía antes de adoptar este tipo de prácticas, o si otros aspectos de sus estilos de vida, no relacionados con la meditación, habían contribuido a esos cambios. Pero como las regiones del cerebro engrosadas en los meditadores correspondían precisamente a aquellas que se ponen en marcha durante las tareas que entrena la meditación, como prestar atención a las sensaciones, los investigadores concluyeron que lo más probable era que los efectos fueran específicos de la práctica. Esta hipótesis ha sido validada desde entonces por numerosos estudios. Una revisión sistemática, publicada en 2016, analizó los resultados de 30 estudios independientes, concluyendo que los entrenamientos basados en mindfulness (la mayoría de los estudios utilizaba el programa de reducción del estrés de 8 semanas) producen cambios estructurales y funcionales en la corteza cerebral prefrontal (relacionada con la metaconciencia y la autorregulación), en la corteza cingulada (relacionada con la regulación emocional), en la ínsula (relacionada con la conciencia corporal) y en el hipocampo (relacionado con procesos de memoria y regulación emocional). Dichas zonas también se modifican en respuesta a otros tipos de tradiciones meditativas, como las meditaciones Zen o *vipassana*.[57]

El cerebro de los meditadores no solo se transforma estructuralmente, sino también funcionalmente. Los practicantes expertos definen la meditación como un proceso en el que poco a poco uno se familiariza con su propia vida mental y consideran que ello es lo que provoca cambios duraderos a nivel cognitivo y emocional. En la Universidad de Wisconsin se realizaron los principales estudios para comprender las características que definen el cerebro de los meditadores expertos, verdaderos atletas de la mente que dedican tanto tiempo de su vida a entrenar la mente como los deportistas olímpicos a perfeccionarse en sus categorías, o como un estudiante de medicina en convertirse en un prestigioso cirujano. Los estudios de Richard Davidson y Antoine Lutz en monjes budistas que contaban entre 10.000 y 44.000 horas de experiencia meditativa en su currículum revelaron características funcionales del cerebro nunca antes vistas. Uno de los fenómenos que se observaron al cabo de tan solo 40 segundos de meditación en estos expertos de la mente se conoce como «sincronía neural», condición en la que las neuronas presentan una actividad de oscilación simultánea que se detecta por electroencefalogra-

Principales prácticas de meditación

Atención plena con soporte

Este tipo de meditación tiene por objetivo entrenar voluntariamente la atención utilizando un objeto o sensación como soporte. En general, se comienza por dirigir la atención hacia las sensaciones que produce el vaivén de la respiración en las fosas nasales o en el abdomen. Se trata de aprender a detectar las distracciones a medida que van surgiendo y a reorientar la atención, una y otra vez, hacia el objeto de atención elegido para la práctica. Este tipo de técnica también se conoce como *mindfulness* (atención plena) o *shamatha* (palabra del pali traducida como «calma o pacificación de la mente»).

Atención plena sin soporte

Consiste en abrir la atención hacia todos los estímulos que proceden del exterior (sonidos, olores, etc.) o del interior (pensamientos, emociones, sensaciones físicas), sin dejarse llevar por ellos y sin preferencias ni rechazo. Se trata simplemente de ser consciente de lo que sucede momento tras momento, en el aquí y ahora, detectando las distracciones y reorientando la atención plena hacia todo lo que se presenta, ya sea agradable o desagradable. Este tipo de práctica también se conoce como *vipassana* (palabra del pali traducida como «contemplación o visión clara»).

Compasión y bondad

Se trata de prácticas orientadas a promover emociones positivas hacia uno mismo y hacia los demás. Una de las técnicas más utilizadas comienza generando mentalmente sentimientos positivos hacia seres queridos por los que sentimos ternura y afecto. A continuación, la instrucción consiste en generar esos mismos sentimientos hacia personas que nos resultan neutras o indiferentes (por ejemplo, alguien que conozcamos poco o tan solo de vista). Después, también se incluyen en los deseos de bienestar a las personas que nos hacen la vida más difícil. Finalmente, se trata de extender estas emociones positivas a todos los seres, cultivando el deseo de que todos sean felices y que no sufran, desarrollando una actitud mental proactiva en este sentido. Este tipo de práctica también se conoce como *metta* (palabra del *pali* que significa «amor y bondad»).

fía (EEG). En este caso particular, el cerebro de los meditadores presentaba una sincronía neural que abarcaba numerosas áreas del cerebro con un tipo de onda específica llamada gamma, que se asocia a estados de atención, aprendizaje, memoria de trabajo, percepción consciente y a emociones positivas.[58] En el citado estudio, los meditadores practicaron técnicas de la tradición budista basadas en el cultivo del amor bondadoso, la compasión y la atención plena sin soporte (es decir, sin seleccionar un objeto específico sobre el cual dirigir la atención) (véanse págs. 70 y 71). Resultados similares se observaron en meditadores expertos en distintos tipos de prácticas como son la tradición de yoga de los Himalayas, la meditación en las sensaciones corporales de la tradición Vipassana y la práctica de atención consciente sin foco de la tradición de yoga Isha Shoonya, comparable al Zen Shikantaza (Shoonya, en sánscrito, y Shikantaza, en japonés, se suelen traducir como «no hacer nada», algo que se puede interpretar como simplemente estar presentes en el aquí y ahora).[59]

Sorprendentemente, los meditadores expertos (con una experiencia promedio de 8.700 horas de práctica) también presentaban un aumento de este tipo de ondas cerebrales durante el sueño profundo, sobre todo en zonas parietales y occipitales.[60] Se observó que la actividad gamma en los meditadores durante la etapa NREM del sueño era más pronunciada cuanto mayor era su experiencia meditativa. NREM procede del inglés Non Rapid Eye Movement, y corresponde a los períodos en que el sujeto está dormido pero no soñando. Estos resultados sugieren que los meditadores expertos presentan cambios funcionales en sus cerebros aún cuando no están meditando y que conservan un cierto grado de alerta y capacidad de procesar información incluso durante el reposo profundo que en la mayoría de las personas se acompaña de una disminución de estas actividades cognitivas.

La capacidad de mantener la atención consciente en nuestras actividades cotidianas también parece mejorar el estado de ánimo general y puede tener consecuencias preventivas y terapéuticas sobre la salud mental. En el año 2010, un grupo de investigadores de la Universidad de Harvard diseñó una aplicación para *smartphone* con el objetivo de realizar una encuesta bastante original. El programa planteó tres preguntas sencillas a 5.000 personas entre 18 y 88 años de edad, repartidas en 83 países del mundo.[61] Los participantes debían responder en el preciso momento en que eran contactados cómo se sentían, qué estaban haciendo y si estaban concentrados en dicha actividad, o se encontraban pensando en otra cosa mientras la realizaban. Descubrieron así que el 46,9% de las personas tenían la cabeza en otro sitio mientras efectuaban las más diversas tareas. Pero el resultado más impactante del estudio fue que las personas del grupo de distraídos reportaban un peor estado de ánimo.

Las culturas milenarias ya hablaban del problema de una mente errática. En la tradición Zen se la llama «mente de mono» (por los pensamientos que saltan de un lado a otro como los monos en los árboles). De manera similar, en los *Yoga sutra* de Patañjali, un tratado que data de principios de nuestra era, se define el yoga como *Yoga citta vritti nirodhah*, traducido del sánscrito frecuentemente como «el fin de las turbulencias de la mente». Este tipo de actividad automática e involuntaria, las turbulencias de la mente, es precisamente lo que se intenta adiestrar con la meditación. En momentos de introspección, cuando no estamos realizando una tarea específica, o cuando no prestamos atención, normalmente nuestra mente se entretiene liberando una serie de pensamientos, en general autobiográficos, problemas, oportunidades, autoimagen, relaciones, experiencias pasadas o planes de futuro, que comienzan asociarse los unos a los otros, sin llegar a ser reflexiones conscientes y estructuradas. El mecanismo cerebral responsable del vagabundeo mental es una red neuronal en la que participan varias zonas de la corteza cerebral y que se conoce como «red neural por defecto» o Default Mode Network (DMN). La DMN anatómicamente incluye la corteza cingulada posterior, precúneo, corteza prefrontal media, corteza lateral parietal y el lóbulo temporal medio. Esta red neuronal de pensamientos saltarines tiene aspectos positivos y saludables. Por ejemplo, se ha asociado a la evolución de nuestra especie y a la capacidad creativa. Sin embargo, un funcionamiento en exceso de la DMN puede acarrear consecuencias negativas, como la falta de atención, el deterioro cognitivo y una sintomatología exacerbada en enfermedades neuropsiquiátricas como la esquizofrenia y la depresión. El envejecimiento también se asocia a una menor capacidad de reducir la actividad de la DMN y ello provoca una dificultad en filtrar las distracciones externas y un menor rendimiento en tareas que requieren un esfuerzo cognitivo. Aunque se trata de un campo bastante nuevo, se ha descrito un aumento de conectividad en la DMN en niños con estrés postraumático.[62]

Investigaciones recientes han demostrado que los meditadores expertos tienen mayor capacidad para monitorizar, detectar y controlar el funcionamiento de la red neural DMN. Esta capacidad se ha observado tanto cuando meditan como cuando no lo están haciendo, lo cual indica que se trataría de un beneficio adquirido a través de la práctica que se extiende en cierta medida a la vida cotidiana,[63] como sucede con la sincronía neural gamma en los estudios sobre sueño NREM que describí antes. Más aún, se ha observado en practicantes expertos que cuanto más tiempo llevan practicando meditación, mayor es su capacidad de disminuir la actividad de la red DMN.[64] Esta red neural también se calma tras entrenamientos cortos, por ejemplo como resultado de un programa de ocho semanas de atención plena (mindfulness) en personas que padecen estrés postraumático.[65]

En meditadores expertos, además de una disminución de actividad en la red DNM, hay otras redes neurales que se modifican. Se trata de la red de relevancia (*salience network*) y la red ejecutiva central,[66] cuya actividad aumenta con la experiencia meditativa. La red de relevancia está alimentada por varias zonas de la corteza cerebral, entre ellas la ínsula anterior y la corteza cingulada anterior, y una de sus funciones es seleccionar los datos del entorno, tanto interno como externo, que son importantes para el individuo en un momento y un contexto dados. A su vez, la red ejecutiva central cumple un papel esencial en la regulación de la atención y está formada por la corteza prefrontal (PFC) bilateral dorsolateral, ventrolateral, dorsomedial y lateral parietal. Sus tareas incluyen organizar, planificar, tomar decisiones, conservar y tratar la información, además de mantener una especie de vigilancia sobre la experiencia del momento presente. Esto último se conoce como metaconciencia y es lo que nos permite ser conscientes a la vez de la experiencia y del contexto en que esta se desarrolla. Esta función se ha relacionado con una mayor capacidad de autorregulación y autoevaluación. Podría interpretarse como la capacidad de no fusionarse con las experiencias y de preservar un grado de perspectiva amplia que permite tener simultáneamente una visión general de la situación y de uno mismo como parte de ella.

¿MEDICACIÓN O MEDITACIÓN PARA PREVENIR LA ANSIEDAD Y LA DEPRESIÓN?

Como ya describí, la meditación y las intervenciones basadas en la atención plena provocan cambios significativos en la estructura del cerebro y modulan procesos que contribuyen a mejorar la regulación emocional (la influencia de las emociones sobre la experiencia) y a desarrollar la metaconciencia (la conciencia simultánea de la experiencia y el contexto en el que se desarrolla). La ansiedad y la depresión son alteraciones que se asocian a fallos a estos niveles. En los últimos años, han surgido varias adaptaciones del programa de reducción del estrés basado en la atención plena (MBSR), creado por Jon Kabat-Zinn, orientadas al tratamiento de condiciones específicas. La adaptación del programa MBSR hasta ahora mejor caracterizada desde el punto de vista científico y más integrada al ámbito clínico es la Terapia Cognitiva a Través de la Atención Plena (Mindfulness-Based Cognitive Therapy o MBCT), diseñada por tres psiquiatras, Zindel Segal, de la Universidad de Toronto, y Mark Williams y John Teasdale, de la Universidad de Oxford. El objetivo inicial del programa MBCT fue la prevención de recaídas depresivas en personas con una historia de dos o más episodios de depresión mayor.[67]

Aproximadamente el 65% de las personas que han pasado por un episodio de depresión grave sufren recaídas. Sin embargo, ¿existen tratamientos antidepresivos no farmacológicos realmente eficientes?, ¿hay alternativas al tratamiento crónico de mantenimiento con fármacos antidepresivos?, ¿qué se puede hacer cuando este tipo de tratamiento no es eficaz o sus efectos secundarios son difíciles de tolerar a largo plazo? En la actualidad, estas preguntas son relevantes para millones de personas. Un trabajo científico publicado recientemente en la prestigiosa revista de medicina *The Lancet* ofrece nuevas respuestas a estas cuestiones.[68] El estudio clínico realizado en el Reino Unido, en un esfuerzo colaborativo entre varias instituciones que incluía a las universidades de Oxford y Cambridge, y el King's College de Londres, evaluó durante dos años a un grupo de 424 personas adultas con una historia clínica de tres o más episodios depresivos graves. Al comienzo del estudio, los participantes estaban recibiendo fármacos antidepresivos en dosis terapéuticas de mantenimiento. Los participantes fueron distribuidos al azar en dos grupos: un grupo control que continuó con su tratamiento farmacológico habitual, y un segundo grupo que abandonó la medicación progresivamente y durante ocho semanas realizó el programa de MBCT. Este programa combina elementos provenientes de la terapia cognitiva y técnicas de entrenamiento de la atención plena. Las recaídas depresivas se evaluaron en cinco oportunidades durante los dos años de duración del estudio y los resultados obtenidos fueron claros: ambos tratamientos, fármacos o MBCT, dieron lugar a beneficios comparables a largo plazo en la prevención de recaídas y la disminución de los síntomas residuales de la depresión.

El programa de MBCT ayuda a desarrollar la capacidad de observar, con curiosidad y sin juzgar, el flujo constante y espontáneo de las sensaciones corporales, los pensamientos y las emociones, así como las interacciones que se establecen entre dichos procesos. Lo anterior, sumado al entrenamiento en la habilidad de estar presente en el aquí y ahora, sin dejarse atrapar por pensamientos recurrentes relacionados con el pasado o el futuro, da como resultado una disminución significativa de la ansiedad, el estrés y de los episodios depresivos. Este y otros estudios indican que esta nueva terapia merece sin dudas ser explorada por quienes desean alternativas a los tratamientos de mantenimiento con fármacos antidepresivos. Asimismo, ya hay algunos datos preliminares sobre la utilidad de adaptaciones del programa MBCT para el tratamiento de otras situaciones como el trastorno obsesivo compulsivo,[69] pánico,[70] trastorno bipolar,[71] trastorno de déficit de atención e hiperactividad,[72] síntomas de estrés y ansiedad que acompañan a personas con dolor crónico[73] y otras enfermedades crónicas, como el cáncer[74] o el trastorno de colon irritable.[75] No hace mucho, también se ha diseñado una adaptación del programa MBCT especialmente dirigida a mujeres en la etapa de embarazo y postparto. Según los primeros datos publicados, este programa sería de gran utilidad para mujeres con una historia clínica de depresión, las ayudaría a prevenir recaídas durante estas etapas críticas para la salud de la madre y de los futuros hijos[76] (véase página 61). El programa MBCT también parece ser efectivo en la reducción del estrés y la ansiedad en jóvenes y adultos sanos, pues promueve mejoras en las medidas de estado de ánimo, ansiedad, estrés y autocompasión al finalizar las ocho semanas de intervención[77] y ayuda a disminuir la agresividad, violencia física, ira y hostilidad en jóvenes en centros correccionales de rehabilitación.[78]

LA NEUROCIENCIA DE LA COMPASIÓN

Desde hace miles de años, la tradición budista enseña técnicas de meditación para el cultivo de los sentimientos de bondad y generosidad. Las prácticas comúnmente utilizadas en este tipo de meditación comienzan generando mentalmente emociones positivas hacia los seres queridos y hacia uno mismo, algo que no ofrece demasiada dificultad. A continuación, la instrucción consiste en generar esos mismos sentimientos hacia personas que nos resultan neutras (por ejemplo, alguien que conozcamos poco o solo de vista). Finalmente, también se incluyen en los deseos de bienestar a las personas que nos complican la vida. El desarrollo de este tipo de altruismo generalizado a todos los seres (los queridos y los no tanto), en la mayoría de las personas, requiere un entrenamiento. Según las tradiciones contemplativas, estas técnicas promueven el bienestar y una regulación más saludable de las emociones; y de acuerdo con las investigaciones recientes también aportan beneficios claros sobre el cerebro, el comportamiento y las células.

Matthieu Ricard, biólogo molecular y monje budista, define el altruismo como el deseo genuino de que todos los seres puedan ser felices. En la cultura judeocristiana, la compasión se suele entender como un sentimiento de pena por el dolor o sufrimiento del otro. Por el contrario, el budismo define de manera mucho más estructurada este concepto. Se trata de la forma que adquiere el amor altruista cuando es testigo del sufrimiento del otro (o de uno mismo), generando un deseo de liberar al otro (o a uno mismo) de ese sufrimiento y de sus causas y, a la vez, promoviendo una disposición proactiva al servicio del bienestar del otro (o de uno mismo). Ricard explica que cuando el amor altruista añade un componente cognitivo (procesamiento mental de la información) al estado de compartir una emoción (empatía), mayor es su alcance y menor es el estrés emocional que genera.[79] Las investigaciones realizadas sobre la actividad del cerebro de meditadores expertos durante la práctica de la compasión han demostrado que las redes neuronales que activan la empatía y la compasión no son idénticas. Los estudios del laboratorio de Tania Singer, en el Max Planck Institute for Human Cognitive and Brain Sciences en Leipzig, revelaron que cuando una persona ve sufrir a un ser querido, algunas de las áreas del cerebro que se activan son las mismas que cuando se siente un dolor físico.[80] Singer y sus colaboradores midieron la actividad cerebral en un sujeto y, simultáneamente, en su pareja sentimental. Aleatoriamente, uno de los miembros de la pareja recibía una leve descarga eléctrica en la mano. Este ingenioso diseño experimental permitió a los investigadores evaluar en cada una de las dos personas las áreas del cerebro que se encendían ante el dolor físico (al recibir la descarga eléctrica en la propia mano) y las zonas activadas por empatía (cuando el sujeto presenciaba la descarga eléctrica en la mano de su pareja). Algunas áreas cerebrales, como la corteza sensorial y motora y la ínsula, se activaban en ambas situaciones, demostrando que la empatía es, en parte, dolorosa. Pero cuando Singer y sus colaboradores comenzaron a explorar en el escáner de resonancia magnética el cerebro de meditadores expertos durante la práctica de la compasión, lo que observaron fue algo diferente. Las áreas del cerebro que se encendían frente al dolor del otro eran las comúnmente asociadas a emociones positivas, como el *nucleus accumbens* y el estriado ventral, implicadas en sentimientos de amor o de recompensa. De estos estudios, se desprende que existen dos tipos diferentes de empatía frente al sufrimiento del otro. Por un lado, el tipo de empatía que genera estrés y dolor, cuando el sentimiento del otro se convierte, en cierta medida, en propio. La segunda forma de empatía, mucho más saludable y útil, es la compasión, proceso en el cual uno es consciente del sentimiento del otro, pero no lo integra como propio. Por el contrario, la compasión genera sentimientos positivos, deseando que el otro no sufra, y va acompañada de una motivación y actitud prosocial.[81] Estas observaciones apoyan la idea de que el entrenamiento en técnicas meditativas basadas en la compasión puede ser de mucha ayuda como una estrategia de salud mental para promover el amor altruista. Estas técnicas son de particular interés para las personas expuestas de forma habitual al sufrimiento de los demás, por ejemplo los cuidadores y familiares de personas con enfermedades crónicas y los profesionales de la salud. También se han analizado los beneficios del entrenamiento de la compasión en personas con diagnóstico de ansiedad social quienes, después de una intervención de 12 semanas basada en este tipo de técnicas, mostraron mejoras en medidas de autocompasión, depresión y adaptación social que se mantuvieron al menos 3 meses después de finalizado el programa.[82] Estas prácticas mejoran la sintomatología, aumentan los sentimientos positivos hacia sí mismo, disminuyen la autocrítica y favorecen la aceptación del momento presente en personas con trastorno límite de la personalidad.[83] Asimismo, las técnicas de cultivo de la compasión y del amor altruista se están empleando con resultados positivos en el tratamiento de personas con trastorno de estrés postraumático[84] y en mujeres sobrevivientes de violencia interpersonal.[85] En adultos sanos se ha demostrado que este tipo de entrenamiento aumenta la autocompasión y las emociones positivas y disminuye las tendencias autocríticas destructivas que constituyen un reconocido factor de riesgo de alteraciones psicológicas.[86] A nivel molecular, uno de los mecanismos que se pone en marcha al practicar las técnicas de meditación en autocompasión es la caída de marcadores de estrés, como la alfa-amilasa en saliva, y del factor proinflamatorio interleucina 6.[87]

NIÑOS DE HOY, ADULTOS DE MAÑANA

Aprender a gestionar el estrés puede mitigar las consecuencias negativas de las experiencias adversas incluso en los más pequeños. Los pediatras y educadores ya reconocen que muchas enfermedades en los adultos deben ser vistas como trastornos que comienzan en la infancia y que podrían prevenirse aliviando el estrés crónico de los niños lo antes posible. Como ya describí, ciertas experiencias adversas durante la infancia pueden tener un impacto negativo sobre la salud mental y física que se extiende a la edad adulta. Para un niño resultan estresantes o traumáticas en diverso grado situaciones como el divorcio o separación de los padres, la falta de cuidados y recursos básicos, el abuso físico, sexual o emocional, o ser testigos de violencia, enfermedad mental, encarcelamiento o abuso de sustancias en el entorno familiar. El efecto tóxico, y en algunos casos acumulativo, de estos factores en la infancia se puede manifestar en la edad adulta como un mayor riesgo de adicciones, depresión y suicidio, alteraciones en la estructura de ciertas zonas del cerebro relacionadas con la respuesta al estrés, la cognición, la regulación emocional y comportamiento, además de aumentar el riesgo de padecer enfermedades cardiovasculares, metabólicas, autoinmunes, inflamatorias y dolor crónico.[88]

Actualmente, existen varios programas bien estructurados y con manuales detallados destinados a entrenar el cultivo de la atención plena en niños y adolescentes, la mayoría creados por educadores y profesionales de la salud mental. Estos programas proveen herramientas para mejorar la autorregulación y la resiliencia en situaciones cotidianas difíciles de gestionar. Numerosos estudios han investigado el efecto de intervenciones de este tipo en escuelas o entornos asistenciales, en niños y jóvenes entre 12 y 21 años. Datos obtenidos a partir de más de 1.200 jóvenes repartidos en una decena de estudios independientes indican que entrenamientos en la atención plena de una duración promedio de 10 semanas, con sesiones semanales de entre 15 minutos y 2 horas, provocan disminuciones significativas en los niveles de ansiedad, somatización, hostilidad, ideas suicidas, autolesión, gravedad de los síntomas de estrés postraumático y mejoras en la integración social, comportamiento en clase, atención y bienestar.[89]

Uno de los programas diseñado para niños y adolescentes es el «Inner Resilience Program», creado poco después de los eventos del 11 de septiembre de 2001 en Manhattan, con el objetivo de dar apoyo a las escuelas públicas localizadas en la «zona cero». En ese momento, más de 5.000 alumnos se encontraban frente a la necesidad inmediata de reconstruir su fuerza interior y resiliencia, dentro y fuera del aula. Poco a poco, y con el reconocimiento de organismos nacionales de la educación, este programa ha ido evolucionando desde la urgencia inicial de abordar una situación traumática en un momento muy concreto, hacia intervenciones más recientes que buscan fomentar el bienestar y la regulación emocional en estudiantes, padres y maestros. De manera similar, «Mindful Schools» es una organización que cuenta en su consejo asesor con Jon Kabat-Zinn y que promueve la estrategia de «al menos un maestro comprometido con la práctica de la atención plena por escuela». Desde el año 2007, a través de esta iniciativa se han certificado a instructores de atención plena para las escuelas, con un impacto sobre más de 700.000 estudiantes repartidos en más de 100 países del mundo. Este tipo de programas basados en prácticas meditativas fortalecen la autorregulación, las emociones positivas y la resiliencia en niños y jóvenes. Por sus beneficios inmediatos, por su potencial en la prevención de futuras patologías y comportamientos de riesgo y por el eventual impacto sobre las futuras generaciones resulta evidente el interés de ampliar la integración de entrenamientos basados en la atención plena en el sistema educativo.

6. ESTRÉS, MEDITACIÓN Y ENVEJECIMIENTO CELULAR

¿JÓVENES? QUIZÁS, QUIZÁS...

¿Quién envejecería más rápido de dos gemelos idénticos, el que emprendiera un largo viaje espacial a la velocidad de la luz, o el que se quedara con los pies en la Tierra? Al estudiar este dilema conocido como «la paradoja de los gemelos», Albert Einstein intuyó que la fecha de nacimiento no es suficiente para conocer la edad biológica de una persona. En 1918, dentro del marco de su teoría de la relatividad, Einstein demostró que al regresar de su viaje a las estrellas, el gemelo galáctico sería más joven que su hermano nacido en idéntica fecha y con idéntico ADN. Lo que no se sabía entonces es que otras circunstancias mucho más mundanas tienen efectos similares a los de una visita al espacio en lo que respecta al envejecimiento. Las investigaciones actuales demuestran que menos del 25% de las variaciones en la longevidad humana pueden atribuirse a la información genética que heredamos.[90,91] Queda claro que las diferencias en la velocidad de envejecimiento y en la esperanza de vida de un individuo no solo dependen de los genes sino de factores del entorno, del estilo de vida y de las experiencias. Esto resulta evidente en el caso de los gemelos monocigóticos que comparten un material genético idéntico y, sin embargo, pueden presentar diferencias notorias en cuanto a la calidad del envejecimiento y la longevidad, aunque nunca se suban a una nave espacial.

Objetivamente podemos hablar de edad cronológica y de edad biológica. La edad cronológica se calcula a partir de nuestra fecha de nacimiento, mientras que la edad biológica se puede medir en nuestros cromosomas; y no siempre coinciden. Existen unas estructuras repetitivas de ADN al final de los cromosomas, llamadas telómeros, cuya función es la de proteger el material genético. Cumplen una función similar a la del remate de los extremos de los cordones de los zapatos, es decir, evitar que el ADN se deshilache y se dañe. Con la edad, de manera natural, los telómeros se van acortando. Sin embargo, hoy sabemos que el estrés crónico causa un acortamiento prematuro de los telómeros y algunas de las consecuencias de ello son el desarrollo de enfermedades crónicas, la muerte celular y el envejecimiento acelerado.

La científica Elizabeth Blackburn tuvo un papel clave en el descubrimiento y comprensión de la biología de los telómeros. En la década de 1970, cuando trabajaba en la Universidad de Yale, Blackburn descubrió los telómeros al secuenciar los extremos de los cromosomas de una especie unicelular de agua dulce llamada *Tetrahymena*. Poco después, estas estructuras repetitivas de ADN también se encontraron en los extremos de los cromosomas humanos. Unos 10 años más tarde, junto a Carol Greider, investigadora en la Universidad de California en Berkeley, Blackburn descubrió una enzima llamada telomerasa que es la encargada de construir los telómeros. Hoy sabemos que nuestros telómeros se erosionan con el tiempo porque en la mayoría de nuestras células diferenciadas la telomerasa está inactiva. Cuando los telómeros son ya demasiado cortos como para cumplir eficientemente sus funciones protectoras del ADN, las células pierden su capacidad de división, un fenómeno que aumenta a medida que envejecemos. Estos descubrimientos valieron a Blackburn y Greider el premio Nobel de Medicina en el año 2009. Unos años antes, Elissa Epel, investigadora en psiquiatría en la Universidad de California en San Francisco, interesada sobre todo en la relación entre estrés crónico y envejecimiento, le planteó a Blackburn una hipótesis por aquel entonces inédita: ¿podría la velocidad de erosión de los telómeros ser un indicador de los efectos tóxicos del estrés crónico? Fue así como estas dos investigadoras decidieron estudiar un grupo de 58 madres jóvenes, algunas con niveles de estrés relativamente bajos, mientras que otras pasaban por una de las situaciones más estresantes que podamos imaginar, el cuidado de un hijo que padece una enfermedad crónica. Epel y Blackburn midieron la longitud de los telómeros en las células de la sangre de cada una de estas mujeres y también su actividad telomerasa. Buscaban determinar si estos parámetros variaban en función del nivel de estrés psicológico. Relacionaron también todas estas medidas, con otras características, como el estado de ánimo, las hormonas del estrés y varios marcadores de riesgo cardiovascular.[92] Observaron entonces que existía una conexión importante entre el estrés crónico y la longitud de los telómeros. A mayor estrés, más cortos eran los telómeros y más baja la actividad de la telomerasa en las células sanguíneas. Existen tablas que indican la longitud de los telómeros esperada para cada edad cronológica en personas sanas. En el caso de las madres con altos niveles de estrés, la longitud de los telómeros revelaba alrededor de una década adicional de envejecimiento biológico sobre lo que cabría esperar por sus fechas de nacimiento. Este estudio fue la primera prueba de que el estrés psicológico no solo daña nuestra salud, sino que se extiende hasta la punta de nuestros cromosomas y nos envejece.

CROMOSOMA

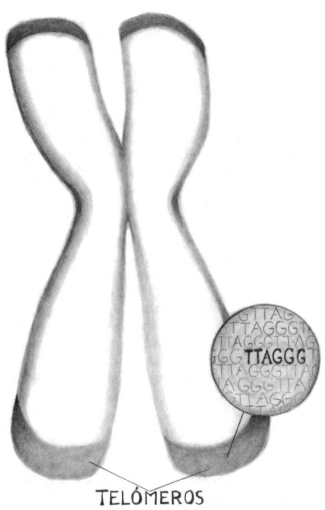

TELÓMEROS

A poco más de una década de la publicación del visionario estudio de Epel y Blackburn, ya no quedan dudas sobre el impacto de un medio ambiente adverso en la longitud de los telómeros. Centenares de estudios demuestran una disminución de la actividad telomerasa y de la longitud de los telómeros en familiares cuidadores de personas con enfermedades neurodegenerativas, en víctimas de maltrato y traumas durante los primeros años de vida, y también en personas que sufren depresión grave o trastorno de estrés postraumático. Numerosas investigaciones indican que la longitud telomérica en células sanas predice salud a largo plazo, sobre todo en lo relacionado con las enfermedades crónicas asociadas al envejecimiento. También se ha comprobado que las células de personas centenarias que gozan de buena salud tienen telómeros de una longitud que corresponde a edades cronológicas más jóvenes.[93]

Meditación y telómeros

Epel y su colaboradora Elisabeth Blackburn concluyeron que el estrés acelera el envejecimiento de las células inmunitarias, y ello se asocia a un mayor riesgo de enfermedades cardiometabólicas. Como decía Confucio, aprender sin reflexionar es un trabajo inútil, algo que tenían muy claro estas dos investigadoras; por ello, se unieron a uno de los científicos más experimentados en el estudio de la meditación, Clifford Saron, director de investigación en el Center for Mind and Brain en la Universidad de California Davis.

En el año 2007, Saron y sus colaboradores se estaban embarcando en un proyecto totalmente exuberante. Se disponían a estudiar los efectos de un retiro de meditación de tres meses en un centro ubicado en las Montañas Rocosas en el estado de Colorado. Los participantes eran un grupo de 30 voluntarios que meditarían durante 6 horas al día, 90 días seguidos, aislados de sus entornos y actividades habituales. Otras 30 personas, comparables en edad, sexo, índice de masa corporal y experiencia meditativa, continuarían con sus vidas de cada día en sus hogares y servirían de grupo control.

En el retiro, los participantes practicaron técnicas meditativas para cultivar la atención plena (*shamatha*) y las emociones positivas. Los investigadores evaluaron variables psicológicas antes y después de esos tres meses en todos los participantes (los que participaron del retiro y los del grupo de control). También, al final del retiro, midieron la actividad de la enzima que sintetiza los telómeros, la telomerasa. El estudio de Saron, Epel, Blackburn, y demás colaboradores, demostró que después de los 3 meses, los participantes del retiro presentaban menores niveles de estrés y sus células tenían niveles de actividad telomerasa más altos que los del grupo control.[94] Este estudio sugirió por primera vez que la práctica de meditación podría aumentar la actividad de la telomerasa en las células mononucleadas de la sangre y quizás así rejuvenecer el sistema inmunitario. Una de las limitaciones más importantes de este estudio fue que los investigadores no pudieron analizar la actividad de la telomerasa en las muestras obtenidas antes del retiro debido a un problema técnico. Por ello, el estudio de Saron no pudo concluir si las diferencias observadas en la actividad de la telomerasa entre los dos grupos de personas se habían producido como consecuencia del retiro o ya existían antes de comenzar el estudio. Tampoco pudieron afirmar si las diferencias se debían a la meditación o al ambiente menos estresante que ofrecía una temporada en las montañas. Pero la observación fue muy relevante y pronto otras investigaciones comenzaron a apoyar esta intrigante hipótesis. Por ejemplo, una intervención de meditación de 12 minutos por día durante 8 semanas provocó un aumento en la actividad telomerasa en las células inmunitarias de personas cuidadoras de pacientes con demencia, mientras que no se detectó ningún efecto en un grupo control que realizó un programa de relajación de la misma duración.[95] Las pruebas recientes apoyan la idea de que, a largo plazo, las prácticas meditativas podrían dar lugar a una protección de la integridad telomérica. En el estudio realizado por el grupo dirigido por Javier García Campayo en la Universidad de Zaragoza, se compararon los telómeros de las células inmunitarias de meditadores Zen con más de 10 años de experiencia y una práctica diaria de al menos una hora al día, con los telómeros de sus propios familiares o amigos de edades y estilos de vida similares pero sin experiencia meditativa. Los resultados de este análisis revelaron una mayor longitud telomérica y un menor porcentaje de telómeros cortos en los meditadores expertos que en el grupo control.[96]

Conocí a Clifford Saron en el año 2013, durante el encuentro «Change your Mind, Change the World» celebrado en Wisconsin, en el que se reunieron expertos de la política sanitaria, neurocientíficos, ecologistas y economistas para discutir con su santidad el Dalái Lama sobre cómo trabajar juntos para mejorar la salud y el bienestar en el mundo. Por aquel entonces, el equipo de UCDavis estaba terminando de recoger las células sanguíneas de los participantes de un segundo estudio que esta vez analizaba los efectos de 3 semanas de retiro de meditación en lugar de 3 meses. Al hablar sobre nuestros proyectos e intereses, Cliff me propuso unirme a su equipo para investigar posibles cambios en la expresión de los genes implicados en el mantenimiento y la síntesis de los telómeros en los participantes de su nuevo estudio, en el que también colaboraban Epel y Blackburn. Los resultados de esta investigación fueron sorprendentes. Los participantes del retiro de meditación de 3 semanas presentaban un aumento en la longitud de los telómeros en las células inmunitarias que no se observaba en los sujetos controles,[97] y estos cambios iban acompañados de diferencias significativas de expresión en más de 20 genes relacionados con el envejecimiento celular, la localización intracelular de la telomerasa, la reparación de telómeros y el mantenimiento de la longitud de los telómeros.[98] Este estudio es el primero en demostrar que una intervención relativamente corta y basada en el estilo de vida puede aumentar la longitud de los telómeros y modificar la actividad de los genes que regulan este proceso.

Aunque todavía no conozcamos en detalle cuáles son los mecanismos moleculares responsables de todos estos efectos, la relación entre el acortamiento de los telómeros, el estrés y la manifestación de enfermedades crónicas es clara. Como afirma Blackburn: «crear fármacos que reactiven la telomerasa sin efectos secundarios negativos es un gran desafío. Otra estrategia más abordable para lograr enlentecer el acortamiento de los telómeros sería mitigar las condiciones que provocan el estrés crónico y ayudar a las personas a cambiar ciertos comportamientos».[99] Los descubrimientos actuales sugieren que la meditación podría ser una de estas estrategias.

El reloj epigenético de los meditadores

Además de la longitud de los telómeros, existen otros indicadores de nuestra edad biológica, aún más pequeños y localizados en la matriz misma de nuestros genes. Se trata de un conjunto de grupos químicos llamados «metilos», formados por un átomo de carbono y tres átomos de hidrógeno, que se instalan sobre ciertas zonas del ADN y, en general, silencian los genes que tocan. Las metilaciones del ADN son una parte esencial de la regulación epigenética de la actividad de los genes (véase pág. 128).

Como sucedió hace unos años con el proyecto genoma, actualmente existen grandes estudios dedicados a secuenciar el epigenoma en busca de explicaciones sobre el origen de las enfermedades y las causas del envejecimiento. Muchos de estos estudios tienen por objetivo caracterizar la multitud de grupos metilo que descansan sobre el genoma y determinar cómo van cambiando en función de la edad, enfermedades específicas o de diversas condiciones del entorno y del estilo de vida.

Algo sobre lo que ya no quedan dudas es que los niveles de metilación del ADN varían a medida que envejecemos, funcionando como un verdadero reloj químico. Steve Horvath, un especialista en genética y bioinformática de la Universidad de California en Los Ángeles, identificó los engranajes de este reloj y creó un programa bioinformático para calcular la edad de una persona basándose en los niveles de metilación de tan solo 353 sitios de los cientos de miles que se reparten a lo largo de todo el ADN de una célula humana.[100] Para llegar a este descubrimiento, Horvarth tuvo que analizar bases de datos con las metilaciones de más de 13.000 tejidos humanos diferentes. La precisión de este tic-tac epigenético es tal que, a través de su programa, Horvarth comprobó que las células embrionarias tienen una edad biológica muy cercana a cero, mientras que las neuronas en los cerebros de las personas centenarias tienden a una edad similar a 100. La fiabilidad de este método para predecir la edad es superior a las estimaciones obtenidas a partir de la longitud de los telómeros.

Como en el caso del acortamiento de los telómeros, la edad epigenética se acelera frente a las enfermedades crónicas, como la obesidad, las infecciones y algunos tipos de cáncer. Muy recientemente, también se ha comenzado a estudiar el efecto de la acumulación de experiencias de vida estresantes sobre la velocidad del reloj epigenético. En una colaboración entre equipos alemanes, estadounidenses y australianos, se analizó la edad epigenética de 392 personas adultas, cada una con su propia carga de experiencias adversas acumuladas durante el transcurso de sus vidas.[101] Los científicos concluyeron que el tiempo de vida acumulado bajo situaciones de estrés predice la aceleración del reloj epigenético. Pero… ¿a partir de qué momento en la vida de un individuo el estrés comienza a provocar un envejecimiento biológico? ¿Puede influir un entorno familiar estresante en la velocidad de envejecimiento epigenético de niños y adolescentes? Para responder a estas preguntas, investigadores de la Universidad de Georgia en Grecia junto con un grupo de científicos estadounidenses realizaron el seguimiento durante 9 años de unas 400 familias con hijos de 11 años al inicio del estudio.[102] A los 20 años de edad, los hijos de padres o madres con sintomatología depresiva al inicio del estudio presentaban una aceleración de la edad epigenética calculada por el método de Horvath, sugiriendo que un entorno familiar difícil puede envejecer las células de los hijos. Dentro del mismo estudio, los investigadores ofrecieron un programa educativo orientado a promover un ambiente más favorable para el desarrollo de los jóvenes adolescentes a un grupo de familias con historial depresivo. En este grupo, los hijos no presentaron signos de envejecimiento epigenético acelerado al cabo de nueve años. Estos datos destacan la importancia de la detección precoz de entornos familiares adversos y la utilidad de las intervenciones no farmacológicas en la prevención o reversión de las secuelas que el estrés y el trauma en edades tempranas pueden dejar sobre el ADN.

Para explorar el posible impacto de la reducción del estrés sobre la velocidad del envejecimiento biológico, en uno de nuestros estudios más recientes investigamos el ritmo del reloj epigenético en un grupo de meditadores expertos.[103] En colaboración con Raphaëlle Chaix, especialista en etnobiología en la Universidad de la Sorbona en París, analizamos las metilaciones del ADN de células inmunitarias de un grupo de personas con más de cinco años de experiencia meditativa y las comparamos con las de un grupo control formado por personas que nunca habían meditado. En la plataforma de genotipación del Instituto Pasteur de París, obtuvimos millones de datos a partir del metiloma de todos los participantes. Utilizando el método descrito por Horvarth, pudimos detectar una disminución significativa de la velocidad de envejecimiento epigenético por cada año adicional de práctica de meditación en el grupo de expertos. Estos datos indican una posible desaceleración acumulativa y progresiva del reloj epigenético en respuesta a la experiencia meditativa. Los futuros estudios deberán confirmar estos nuevos descubrimientos en grupos más numerosos, caracterizando además el tipo de intervención y el tiempo que se requiere para observar unos efectos significativos en este parámetro. Pero, hoy en día, lo verdaderamente asombroso es que los datos que obtuvimos a partir del metiloma de meditadores expertos coinciden con pruebas previas que demuestran la influencia positiva de la práctica de meditación sobre otros síntomas del envejecimiento biológico, en particular marcadores inflamatorios, la presencia de telómeros más largos en meditadores expertos y el aumento de actividad telomerasa en respuesta a diversas intervenciones basadas en prácticas meditativas. Todos estos datos tienen un interés clínico importante ya que según las estadísticas del Centro de Control y Prevención de Enfermedades de los EEUU, un 78% de adultos de más de

55 años sufre alguno de los problemas de salud crónicos que han sido asociados a estos mecanismos biológicos responsables de la aceleración del envejecimiento celular. Las técnicas meditativas se presentan como un posible temporizador de estos procesos ya que podrían disminuir los marcadores de inflamación y desacelerar el reloj epigenético y el acortamiento de los telómeros. Teniendo en cuenta que en el último siglo la esperanza de vida del ser humano ha aumentado alrededor de tres décadas, una hipótesis de interés prioritario en la actualidad es el potencial de la meditación como estrategia no farmacológica para la promoción del envejecimiento saludable. Este tema es el eje central del estudio Silver Santé Study que estamos realizando en colaboración con varios países europeos, financiado por el programa de salud Horizon 2020 de la Comisión Europea. Se trata de un proyecto que finalizará en el año 2020 y que está coordinado por la neurocientífica Gaël Chételat, con base en Caen, Francia. Los participantes son meditadores expertos y público general mayores de 65 años, y también personas con deterioro cognitivo. El objetivo central es investigar la eficacia de la meditación sobre la calidad de vida, la salud mental y los factores de riesgo y marcadores de la enfermedad de Alzheimer.

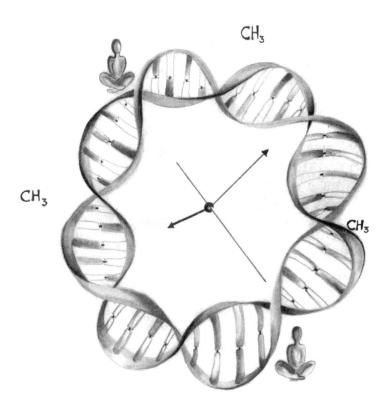

CH₃

CH₃

CH₃

7. LA MEDITACIÓN Y EL ADN

Si no te calmas, te inflamas

La perturbación que provoca el estrés crónico no se limita al área del cerebro, los pensamientos y las emociones; también se propaga hacia nuestras células inmunitarias, afectando a las defensas del organismo y desencadenando procesos inflamatorios. Esto sucede porque las células inmunitarias reciben los mensajes del cerebro a través de más de 60 receptores de neurotransmisores distribuidos sobre su superficie. Un estudio reciente aportó pruebas claras de la conexión entre el estrés, el sistema inmunitario y la inflamación en personas con asma. Melissa Rosenkranz y Richard Davidson en la Universidad de Wisconsin-Madison compararon dos grupos de personas asmáticas, uno presentaba niveles altos de estrés crónico y el otro, no.[104] Ambos grupos fueron expuestos a un experimento de estrés psicosocial, el test de estrés social de Trier (véase pág. 102). En el estudio, el grupo de personas con mayores niveles de estrés inicial reaccionó de manera más pronunciada a la prueba de estrés social y tardó más tiempo en recuperarse. Sorprendentemente, la magnitud de la respuesta a esta prueba, que dura escasos minutos, permitió predecir los niveles de inflamación que presentaban las vías respiratorias de los participantes: a mayor vulnerabilidad al estrés, mayor inflamación. En efecto, una de las consecuencias más dañinas del estrés crónico es que favorece el desarrollo de procesos de inflamación leves pero per-

sistentes, y ello constituye un factor de riesgo o de agravamiento de las enfermedades inmunitarias, cardiovasculares,
metabólicas, psiquiátricas y neurodegenerativas, además de
contribuir a la aceleración del envejecimiento celular.[105] En
sí misma, la inflamación es una reacción positiva y extrema-
damente necesaria en el organismo, con un papel fisiológico
vital en la defensa frente a infecciones, la cicatrización de
tejidos, la transmisión de información dentro de las células
y la formación de células sanguíneas. Sin embargo, cuando
este mecanismo está activo durante períodos prolongados sus
efectos suelen ser perjudiciales ya que afectan al funcionamiento de los sistemas y los órganos, entre ellos el cerebro. El
estrés crónico provoca un aumento en los niveles circulantes
de moléculas inflamatorias que pueden atravesar la barrera
hematoencefálica y provocar neuroinflamación.[106] La barrera
hematoencefálica es una red de pequeños vasos sanguíneos
cuya constitución (endotelio vascular) es diferente de la que
forma la vasculatura del resto del organismo. Esta peculia-
ridad tiene por función impedir el paso de ciertas moléculas
desde la sangre al cerebro, manteniendo así el microambiente
de las neuronas muy estable y seguro. Sin embargo, algunos
factores inflamatorios pueden atravesar dicha barrera y así
activar el sistema inmunitario propio del cerebro constitui-
do por un tipo celular llamado microglía. Hasta hace relativamente poco tiempo, se creía que la microglía sólo cumplía
funciones de «pegamento» entre las neuronas. Ahora se sabe
que estas células del cerebro también cumplen otras funciones y que, cuando se activan de forma poco regulada generan
un peligroso entorno proinflamatorio. En ciertos casos, esto
provoca una serie de síntomas psicobiológicos que incluyen
el aumento de los niveles de ansiedad, el estado de ánimo negativo y la apatía, y puede llegar a causar pérdida neuronal
y deterioro cognitivo.[107] La inflamación crónica es uno de

los factores comunes que también se asocia al inicio o a la progresión de enfermedades como el Alzheimer, Parkinson y Hungtinton,[108] la esclerosis múltiple,[109] la esquizofrenia,[110] la depresión,[111] accidentes cerebrovasculares[112] y la epilepsia.[113]

Un mediador celular de los procesos inflamatorios especialmente sensible al estrés psicológico y que participa en el desarrollo de las enfermedades neuropsiquiátricas y en la neurodegeneración es el factor de transcripción NFkappaB.[114] Los factores de transcripción son proteínas que actúan como llaves para abrir o cerrar los genes, permitiendo o impidiendo que estos liberen sus mensajes. Como veremos a continuación, a nivel molecular, uno de los efectos de los programas de reducción del estrés basados en técnicas meditativas es precisamente la disminución de la actividad de los genes proinflamatorios modulados por el factor NFkappaB.

El test de estrés social de Trier

Se trata de una prueba de resistencia al estrés psicológico agudo que se emplea en los laboratorios de neurociencias afectivas. La experiencia –que se realiza en adultos, es voluntaria y puede ser abandonada en todo momento– consiste en generar una situación poco habitual que provoca un alto nivel de ansiedad en la mayoría de las personas. Concretamente, el participante debe realizar una presentación oral de cinco minutos sobre un tema de libre elección, sin preparación previa y frente a un jurado formado por tres examinadores. Los jueces mantienen expresiones neutrales o poco simpáticas a lo largo de la prueba. Entregan al participante papel y lápiz para que organice un poco

sus ideas y su presentación, pero inesperadamente le retiran su ayuda-memoria justo antes de comenzar la presentación. En este momento, las células de la mayoría de los participantes ya están detonando la respuesta de estrés. El participante debe hablar cinco minutos y si no lo hace, se le pide que continúe hasta completar el tiempo como mejor pueda. Al terminar la exposición, comienza un ejercicio mental de cálculos matemáticos. Se le pide al participante que realice una serie de cálculos mentalmente y si comete un error, el jurado hace sonar un timbre estridente que indica al participante la necesidad de volver a empezar. Esta parte del test dura cinco minutos y va seguida de un período de recuperación. Al terminar, se le dice al participante que el objetivo del experimento era crearle estrés y que los resultados no tienen ninguna relación con sus capacidades personales. Antes de la prueba, inmediatamente después y durante el período de recuperación se toman las muestras biológicas o las medidas fisiológicas de interés para determinar la respuesta al estrés y la velocidad de recuperación. Una mejor recuperación implica que los niveles de marcadores de estrés del participante después de la prueba (por ejemplo, la concentración de cortisol en la saliva) vuelven a sus niveles iniciales con mayor rapidez.

Regulando los genes en el aquí y ahora

En el año 2008, un centenar de investigadores, médicos, psicólogos y otros profesionales de la salud estábamos reunidos en la Facultad de Medicina de la Universidad de Harvard escuchando a Herbert Benson, en esa época ya profesor emérito. Benson nos explicaba que más del 60% de las visitas médicas son debidas a trastornos relacionados con el estrés y que, por ese motivo, la promoción de una buena gestión del estrés a largo plazo es esencial para mejorar los resultados de la asistencia sanitaria y de la calidad de vida. En aquella ocasión, Benson no podía disimular su entusiasmo y, finalmente, nos contó el motivo de su alegría. Una revista científica acababa de aceptar un trabajo de investigación de su equipo donde por primera vez se demostraban cambios masivos en la expresión de genes en células de la sangre de personas entrenadas en la práctica de la respuesta en la relajación.[115] Un análisis de la expresión del genoma completo mostraba que este tipo de entrenamiento mental puede aumentar la actividad de algunos genes y disminuir la de otros. Ello constituía una nueva y fascinante prueba de la conexión mente-cuerpo, pasados 35 años de sus primeros trabajos sobre la respuesta de relajación y la presión arterial. El estudio del grupo de Harvard comparó los niveles de expresión génica (véase pág. 122) en las células que circulan por el torrente sanguíneo en tres grupos de personas. El primer grupo lo integraban 19 personas expertas en distintos tipos de prácticas que encienden la respuesta de relajación, incluyendo meditación *vipassana*, atención plena, meditación transcendental, técnicas de respiración, yoga o repetición de mantras (frases repetitivas). El segundo grupo lo formaban 20 personas sin ninguna experiencia previa en técnicas contemplativas y que para participar en el estudio se entrenaron durante 8 semanas en técnicas que inducen

la respuesta de relajación, incluyendo respiraciones diafrag-
máticas, atención plena sobre la respiración y las sensaciones corporales y la repetición de frases. El tercer grupo fue
el control del estudio y lo integraban 19 personas sin ninguna experiencia en estas prácticas ni ninguna que se le parecie-
ra. Los investigadores aislaron las células inmunitarias de la
sangre de todos los participantes para obtener el ARN, que es
el producto de la actividad de los genes (véase pág. 122). A
partir del ARN total de cada sujeto, se analizó la actividad de
más de 44.000 productos de genes. De esta forma se detectaron más de 2.209 cambios al comparar la expresión del genoma de meditadores expertos y la de los controles inexpertos.
También los principiantes mostraban cambios en 1.561 genes
con respecto a los genes de los controles. Algo muy interesante es que 433 de los genes modulados por la práctica eran los
mismos en principiantes y en expertos. Estos datos sugerían
que ciertos efectos de estas técnicas sobre la expresión génica se producen rápidamente, después de tan solo 8 semanas
de práctica. Algunas de las vías moleculares que cambiaban
con la práctica de la respuesta de la relajación coincidían con
las que se encuentran alteradas en las células sanguíneas de
personas con enfermedades crónicas pero en sentido opuesto, destacando el potencial de estas técnicas para ayudar al
tratamiento de dichas patologías (por ejemplo, enfermedades
cardiovasculares y metabólicas y alteraciones inmunitarias).
Entre la lista de mecanismos identificados figuraban el estrés
oxidativo, el metabolismo celular y la inflamación a través
del factor de transcripción NFkappaB, un conocido mediador
proinflamatorio del estrés psicosocial (véase pág 101).

   Ese mismo año, científicos de Nueva Delhi en la India pu-
blicaron el análisis de la expresión génica de los marcadores
de estrés oxidativo en las células linfocitarias de 42 practicantes de un tipo de técnica meditativa de control de la respira-

ción llamada *sudarsan kriya*.[116] El estudio comparó un grupo
de meditadores con un grupo control formado por 42 individuos sin ninguna experiencia en ese tipo de prácticas. Los resultados evidenciaron niveles significativamente superiores
de expresión de genes antioxidantes en células de los practicantes de *sudarsan kriya* que en los controles, aportando nuevas claves para entender cómo la regulación del estrés psicológico se transforma en señales celulares. Este estudio, junto
con otros posteriores, indican que las técnicas meditativas
contribuyen a disminuir el estrés oxidativo que cuando es excesivo daña las células y los tejidos dando lugar muchas veces
al inicio o al agravamiento de procesos inflamatorios. La mayoría de las enfermedades crónicas van acompañadas de un
aumento de estrés oxidativo, desde la diabetes hasta la depresión y el Alzheimer. Una de las consecuencias más graves del
estrés oxidativo en el sistema nervioso central es la pérdida
de la integridad de la barrera hematoencefálica que, como ya
describí, interviene en la protección de la integridad neuronal
(veáse pág. 100).

Estos estudios pioneros dieron paso a otros que examina-
ron el potencial de diversas prácticas contemplativas en la regulación génica en personas con altos niveles de estrés o patologías concretas. Una de las situaciones que suele generar
una presión psicoemocional significativa es el cuidado de familiares con enfermedades crónicas. En los Estados Unidos,
las estadísticas indican que un 29% de la población cuida de
un familiar que padece una enfermedad crónica o minusvalía
y un 23% (unos 15 millones de personas) presenta problemas
de salud al cabo de cinco años de asistir cotidianamente a sus
familiares enfermos.[117] En particular, las personas mayores
cuidadoras de un familiar o cónyuge con demencia presentan altos niveles de estrés y depresión. Desde principios de
la década de 1990, numerosas investigaciones se han centra-

do en estudiar la salud de los familiares cuidadores de enfermos crónicos y han demostrado que suelen presentar niveles aumentados de marcadores de inflamación y una inmunidad celular disminuida.[118] Hace unos pocos años, un grupo de la Universidad de Los Ángeles, California, decidió estudiar el impacto de la meditación sobre la expresión de genes en un grupo de 39 cuidadores de familiares con demencia.[119] Los participantes fueron asignados al azar en dos grupos, uno practicó un tipo de meditación llamado *kirtan kriya* mientras que el otro grupo realizó sesiones de relajación con música. Ambos grupos dedicaron a sus correspondientes prácticas 12 minutos por día durante 8 semanas. Los investigadores realizaron el mismo procedimiento que en el estudio de Harvard para preparar el ARN total de células linfocitarias y analizar la expresión del genoma completo. Pero esta vez había más participantes, se incluía un grupo control activo y se evaluaba el efecto molecular en muestras obtenidas antes y después de las dos intervenciones. Por ello, en este caso, el diseño experimental era ya más robusto que el utilizado en el estudio previo. Los análisis bioinformáticos de la inmensidad de datos generados revelaron que la intervención de la meditación, pero no así la intervención control, revertía algunas características moleculares típicamente asociadas al estrés. Se observó un aumento en la expresión de genes implicados en las respuestas a vacunas y a infecciones virales y nuevamente una disminución en la expresión de genes regulados por el factor de transcripción NFkappaB. Estos y otros estudios realizados hasta la fecha coinciden en describir una disminución de dicha vía inflamatoria en respuesta a intervenciones basadas en la atención plena dirigida a personas mayores de 60 años,[120] mujeres diagnosticadas de un estadio I o II de cáncer de mama,[121] personas con colitis ulcerosa,[122] adultos sanos[123] y en meditadores expertos.[124] La utilidad clínica de intervenciones basadas en la meditación para el tratamiento de las enfermedades inflamatorias crónicas está comenzando explorarse. Por ejemplo, un programa de 9 semanas basado en la respuesta de relajación y terapia cognitiva disminuyó el nivel de ansiedad, la sintomatología clínica y la expresión de genes inflamatorios de la vía de NFkappaB en células inmunitarias de pacientes con síndrome de colon inflamado.[125] A pesar de ser un estudio pequeño que no incluyó un grupo control en su diseño, estos resultados son de gran interés ya que proponen un posible complemento a la terapia de enfermedades crónicas difíciles de tratar y que tienen un impacto dramático en la calidad de vida de las personas que las padecen.

Los cambios de la expresión génica que se ponen en marcha al reducir el estrés a través de técnicas de meditación están aportando claves para explicar algunas observaciones previas. En el año 2003 se publicó el primer estudio que relacionó la práctica de meditación con la actividad cerebral y la respuesta inmunitaria.[126] En la Universidad de Wisconsin, Richard Davidson y Jon Kabat-Zinn se propusieron analizar la respuesta inmunitaria a una vacuna antigripal en un grupo de personas sanas después de completar el programa de reducción del estrés basado en la atención plena (MBSR) y relacionarla con la actividad cerebral de los participantes antes y después del programa. Compararon todas sus medidas con las de un grupo control que estaba en una lista de espera para participar en el curso. El grupo que asistió al programa de reducción del estrés presentó cambios significativos en la actividad de las zonas del cerebro que se asocian a estados de ánimo positivos, y también tuvo una mejor respuesta inmunitaria a la vacuna que el grupo control. Además, las personas con transformaciones más positivas en cuanto a actividad cerebral producían más anticuerpos antigripales. Así se sugirió por primera vez que las técnicas meditativas tienen efectos beneficiosos sobre funciones cerebrales e inmunitarias y que dichas respuestas están conectadas entre sí. En este mismo sentido, un estudio clínico realizado en la Universidad de California, Los Ángeles, demostró que el programa de 8 semanas de reducción del estrés basado en la atención plena provocó una menor caída de defensas inmunitarias (linfocitos T CD4+) en adultos infectados con virus de sida (HIV-1).[127] A la luz de los datos más recientes sobre meditación y expresión génica, podemos intuir que los resultados de estos estudios probablemente se deban a cambios de actividad de genes implicados en la respuesta a vacunas y a infecciones virales.

Epigenética y estilo de vida

En el año 2006, el Instituto de Investigaciones Biomédicas del Hospital Clínico de Barcelona me reclutó para investigar los mecanismos moleculares responsables de la diabetes y otras enfermedades crónicas, algo que llevaba haciendo desde mi primera estancia postdoctoral en la Facultad de Medicina de Niza. Pero por aquel entonces, estaba a punto de dar un giro radical a mis investigaciones y poner toda mi energía en algo que me apasionaba, la epigenética del estilo de vida. Con mi experiencia sobre metabolismo, biología celular y biología molecular sentía que tenía mucho que aportar a este campo aún tan jóven, prometedor y poco explorado. Mi principal motivación era, y sigue siéndolo, contribuir a que la promoción de estilos de vida saludables adquiera la jerarquía que merece dentro del sistema sanitario, todavía tan orientado a tratar síntomas y a polimedicar sin poner suficiente énfasis ni recursos en programas de prevención. Por este motivo creé un grupo de investigación dedicado a estudiar a nivel molecular el potencial de las actividades basadas en el estilo de vida para promover un envejecimiento saludable. Ese mismo año empezamos a preparar, con la colaboración de extraordinarios científicos, el libro *Advances in Epigenetics of Lifestyle*,[128] que describe el impacto epigenético del estrés, las adicciones, la nutrición y el ejercicio físico. Para prologar el libro invité a mi tan admirado Ezra Susser, profesor de la Universidad de Columbia en Nueva York, dedicado a investigar los efectos multigeneracionales sobre la salud atribuibles a factores ambientales. Un detalle extraordinario acerca del doctor Susser es que sus trabajos científicos le permitieron profundizar y extender los descubrimientos pioneros de sus propios padres, Zena Stein y Mervyn Susser. Este matrimonio de epidemiólogos, en los años cincuenta, se interesó por la salud y la atención médica de los «no blancos» durante el *apartheid* en Sudáfrica, demostrando el impacto del entorno social adverso en el desarrollo de las capacidades cognitivas en los niños.[129] Más tarde, esta peculiar pareja realizó los primeros estudios en descendientes de mujeres gestantes durante lo que se conoce como el «invierno de hambruna en Holanda», que tuvo lugar entre los años 1944 y 1945. Ellos descubrieron una asociación entre la falta de alimentación durante la etapa prenatal y la incidencia de esquizofrenia en la edad adulta.[130] En el prólogo que escribió para nuestro libro, Ezra Susser decía: «Esta obra se centra en el potencial de la epigenética para ofrecer mecanismos que expliquen las relaciones entre el estilo de vida y las enfermedades no transmisibles.* Esta área está en la vanguardia del trabajo cien-

---

* Las enfermedades no transmisibles (ENT) o crónicas son afecciones de larga duración con una progresión generalmente lenta. Entre ellas destacan las enfermedades cardiovasculares (por ejemplo, los infartos de miocardio o accidentes cerebrovasculares); el cáncer; las enfermedades respiratorias crónicas (por ejemplo, la neumopatía obstructiva crónica o el asma); y la diabetes.

tífico actual. Todavía no podemos saber si los mecanismos epigenéticos resultarán centrales para explicar algunas de las causas de estas enfermedades y los beneficios de intervenciones preventivas. Pocos dudarían, sin embargo, de que al menos constituirán un componente importante». Ciertamente, yo no dudaba de ello. Entre los diferentes aspectos relacionados con el estilo de vida, el que sin duda más me intrigaba era el posible impacto epigenético de la reducción del estrés. Por ello envié una propuesta de colaboración a Richard Davidson (véase pág. 30) en la que le decía: «Me interesaría estudiar si algunos de los efectos neurofisiológicos de la meditación están mediados por mecanismos epigenéticos. Creo que los datos que podríamos generar al unir la epigenética con vuestros estudios neurocientíficos serían increíblemente interesantes». Un par de meses más tarde me llegó su tan esperada respuesta: «Estoy totalmente de acuerdo contigo en que la idea de examinar las relaciones entre los procesos epigenéticos y nuestras medidas de función cerebral es particularmente atractiva. Estamos a punto de comenzar un nuevo estudio de meditadores expertos con al menos 3 años de práctica diaria y que han asistido a numerosos retiros de meditación. Esta sería una muestra potencialmente ideal para obtener medidas epigenéticas ya que tendremos muchos datos sobre estos participantes. ¿Tienes prevista alguna visita a los Estados Unidos en un futuro próximo? Sería estupendo hablar de todo esto en persona». Pocas semanas más tarde nos reunimos por primera vez en su laboratorio de la Universidad de Madison, Wisconsin, iniciando así una fructífera colaboración científica que aún mantenemos.

(Definición de la Organización Mundial de la Salud). El Alzheimer y otras enfermedades del sistema nervioso central también se suelen incluir dentro de las ENT.

Varias pruebas previas apoyaban la hipótesis de un mecanismo epigenético detrás de los efectos de las prácticas meditativas. La regulación de la expresión génica, el impacto sobre los procesos fisiológicos y la combinación de reversibilidad y estabilidad son aspectos que definen la epigenética y que también caracterizan algunos efectos moleculares y neurofisiológicos de las técnicas meditativas. Como ya describí, varios estudios demuestran que la meditación cambia los perfiles de expresión génica y modifica parámetros fisiológicos que en ciertos casos se mantienen estables algunos años después de terminado el entrenamiento.[131] Sobre todo, algo que podría explicarse a través de la epigenética es que ciertas características de la estructura y función del cerebro de los meditadores «profesionales» (personas con decenas de miles de horas de práctica meditativa en su historial) se consideran rasgos adquiridos a través de la práctica, como por ejemplo la resistencia al dolor físico,[132] la sincronía gamma (véase pág. 72) y la actividad de la red neuronal por defecto (véase pág 74).

Como nunca antes se había explorado el posible impacto epigenético de la meditación, diseñamos un estudio para poner a prueba esta idea en dos grupos bien diferenciados.[124] Aislamos las células inmunitarias de 21 meditadores expertos con varios años de práctica diaria en su historial y las comparamos con el mismo tipo de células provenientes de 20 personas de características generales similares (edad, sexo, origen, índice de masa corporal), pero que nunca antes habían meditado. Analizamos las células de todos los participantes antes y después de una jornada intensiva de 8 horas de meditación en los expertos o del mismo tiempo dedicado a actividades de ocio en el grupo control. La jornada de meditación era similar al día de retiro que propone el programa de reducción del estrés a través de la atención plena diseñado por Jon Kabat-Zinn. Decidimos cuantificar la expresión de un panel de genes importantes en la regulación de la maquinaria epigenética y de procesos inflamatorios.

Antes de comenzar la jornada, los dos grupos presentaron niveles similares de todos los parámetros analizados. Pero después de 8 horas de práctica, solo los meditadores habían reducido la expresión de algunos importantes genes antiinflamatorios y ello se acompañaba de cambios epigenéticos en sus células. La posibilidad de detectar cambios epigenéticos en cuestión de pocas horas ya había sido descrita en modelos animales. Por ejemplo, apenas dos horas seguidas de estrés provocan eventos epigenéticos dinámicos como la acetilación y la fosforilación de las histonas en el cerebro de los roedores,[133] algo que también sucede después de que experimenten miedo durante una hora.[134] También se producen cambios epigenéticos en el cerebro de los ratones al cabo de unas pocas horas en un entorno enriquecido[135] (véase pág. 46). En los meditadores expertos, pudimos detectar que la jornada de práctica de 8 horas provocó cambios en la expresión de genes reguladores de la maquinaria epigenética (disminución de varias histonas deacetilasas, HDAC) y modificaciones en las histonas (acetilación de la histona H4 y metilación de la histona H3) (véanse págs. 126 a 128). Aunque estos nombres suenen complicados, algo interesante de estos datos es que se trata de mecanismos similares a los que posibilitaron la recuperación del cuadro de estrés crónico en el modelo de estrés en roedores por falta de cuidados maternales que ya describí (véase pág 40). En el trabajo del equipo de Meaney, los ratones se recuperaban de las secuelas de sus experiencias adversas precisamente a través de una disminución de HDAC y de un aumento de la acetilación de histonas. Esto se conseguía inyectando en el cerebro de los ratones un fármaco experimental (la tricostatina A o TSA). En nuestro estudio, los meditadores activaron este tipo de proceso en células inmunitarias mediante 8 horas de práctica de la atención plena. Sorprendentemente, la reducción de HDACs se asoció tanto el estudio de Meaney como en el nuestro, a una respuesta más saludable al estrés. En nuestro diseño experimental, los participantes realizaron la prueba de estrés social de Trier (véase pág. 102). Pudimos comprobar que cuando los niveles de HDAC2 eran más bajos (algo que veíamos en el grupo de meditadores), la recuperación después de la prueba de estrés social era más rápida.

Además de estos cambios epigenéticos, las células de los meditadores también mostraban una disminución significativa en la expresión de dos importantes genes proinflamatorios, RIPK2 y COX2. ¿Cuál es el interés clínico de estos resultados? El producto del gen RIPK se asocia a estados depresivos y es una enzima activadora de la vía de NFkappaB, que como ya vimos es un mediador inflamatorio que se pone en marcha frente a situaciones de estrés psicológico. Por su parte, COX2, es un catalizador importante de procesos de inflamación y dolor. Su reducción es el objetivo de algunos de los fármacos antiinflamatorios actualmente más utilizados, como la aspirina y el ibuprofeno. Sin embargo, es importante tener en cuenta que aún hacen falta más estudios para determinar en qué medida la meditación podría representar un complemento útil en el tratamiento de enfermedades inflamatorias crónicas. Por el momento, estos resultados se limitan a un grupo pequeño de personas y con más de 3 años de práctica meditativa diaria. Nos queda aún mucho trabajo por delante para intentar reproducir este descubrimiento en grupos más numerosos. Con respecto a los cambios epignéticos que identificamos en nuestro estudio, queda por determinar si también suceden en respuesta a intervenciones basadas en la atención plena, como por ejemplo en el programa MBCT (véase pág. 76) para el tratamiento y la prevención de diversos trastornos emocionales y alteraciones psiquiátricas. Esto último permitiría aportar un mecanismo de acción para entender a nivel molecular cómo funcionan este tipo de intervenciones, algo que sin duda ayudaría a superar algunas de las barreras médicas con vista a su integración en la sanidad pública.

En resumen, resulta claro que nuestra manera de percibir y gestionar las situaciones de estrés tiene un impacto sobre la salud. La buena noticia es que contamos con la capacidad innata de influir positivamente en nuestro organismo mediante prácticas que inducen la respuesta de relajación, entrenan la atención y regulan las emociones. Se trata de técnicas sencillas que podemos incorporar a nuestra vida diaria sin necesidad de ir a ningún sitio, simplemente marcando más seguido y con atención plena el número del aquí y ahora; al otro lado de la línea está nuestro propio ADN.

EPÍLOGO

¿Hasta qué punto los descubrimientos científicos sobre el impacto del estilo de vida en la salud pueden promover cambios en los hábitos y comportamientos de la sociedad? Desde luego, el alcance puede ser masivo, aunque se necesiten décadas para ver los resultados con claridad. Por ejemplo, las estadísticas muestran que el tabaquismo en los adultos disminuyó del 42,4 % en el año 1965 al 16,8% en 2014, un cambio atribuible en gran medida a los datos sobre los efectos del tabaco en el desarrollo del cáncer de pulmón y otras patologías crónicas. Aunque se trata de uno de los hábitos más difíciles de abandonar, actualmente millones de personas ya han comprendido los riesgos del tabaco y han abandonado o reducido significativamente su consumo. La mayoría de las mujeres embarazadas ya no fuman durante la gestación porque conocen los riesgos que ello representa para sus futuros bebés. Las personas fumadoras ya aceptan con más naturalidad que resignación la consigna de no fumar en sitios cerrados para evitar perjudicar a niños y adultos no fumadores.

Una toma de conciencia similar está ocurriendo con respecto a los daños provocados por otra toxina, más sutil pero tan química como el tabaco: se trata del estrés. Las estadísticas del Centro Nacional de Salud Complementaria e Integral de los Estados Unidos de América indican que más de 25 millones de adultos practicaron meditación en el año 2012, con una tendencia que va en aumento.[136] Aunque el estrés y las emociones negativas no siempre son fáciles de gestionar, actualmente millones de personas están aprendiendo técnicas para lograrlo con más facilidad porque ya han comprendido sus riesgos. Hoy en día, se están ofreciendo los primeros programas basados en la atención plena para mujeres embarazadas porque comenzamos a conocer el alcance del estrés gestacional y perinatal. El mensaje sobre la importancia de la reducción del estrés y la regulación emocional ya comienza a escucharse a nivel sanitario, educativo y social, y en entornos laborales, económicos y políticos.

Muchos de los asombrosos descubrimientos en el área de la epigenética aún no han traspasado el ámbito académico hacia la sociedad porque son demasiado recientes y complejos. Pueden resultar difíciles de digerir ya que nos afectan de cerca y, en ciertos casos, nos responsabilizan de algunas de nuestras elecciones. Demuestran que las experiencias de vida y la capacidad de gestionar el estrés y las emociones, además de dejar huellas persistentes en las células, pueden propagarse en forma de memoria molecular en nuestros descendientes. La buena noticia es que estamos empezando a descubrir que la reducción del estrés a través de las técnicas meditativas también se hace escuchar en el ADN a través de modificaciones epigenéticas y cambios en la expresión génica.

Mi deseo es que esta información motive a los individuos y las familias a adoptar elecciones sanas de estilo de vida, con una perspectiva multigeneracional y una visión de interdependencia. Los sistemas sociosanitarios y educativos también deberían ser capaces de integrar con urgencia estos nuevos conocimientos y decir en voz alta, claramente y más seguido que ni los individuos ni las comunidades podrán ser saludables mientras sigan expuestos a situaciones de estrés crónico, inseguridad y emociones destructivas sin las estrategias básicas para su gestión y transformación. Como he descrito a lo largo de este libro, los programas basados en técnicas meditativas brindan con éxito este tipo de herramientas sin reñir con otros tratamientos terapéuticos, y también son beneficiosos en entornos no clínicos en todas las edades. Se trata de ejercicios simples que pueden ponerse en práctica rápidamente, en cualquier sitio, sin coste alguno y sin necesidad de tecnología. Los descubrimientos ya plasmados en miles de estudios científicos merecen cobrar sentido en el mundo real para promover el bienestar y la salud en todas las etapas de la vida. Los riesgos son pocos, los beneficios quizás nos trasciendan y alcancen a futuras generaciones.

PARA LOS CURIOSOS
DE LA BIOLOGÍA

Una visita rápida al núcleo de nuestras células

Un gen es una porción dentro de una gran molécula llamada ácido desoxirribonucleico (ADN) y constituye la unidad básica de la herencia biológica. Nuestro ADN total contiene alrededor de 30.000 genes que pueden estar más o menos activos, es decir, más o menos encendidos o apagados. Ello es la causa de que en nuestro cuerpo no sean iguales una neurona que un hepatocito, a pesar de que el ADN que contienen ambas células es idéntico, es lo que permite que cada órgano y tejido tenga un aspecto característico y pueda cumplir sus tareas específicas. Algunos genes con funciones más generales están activos en todos los tipos celulares. Hay genes que pueden estar más activos o silenciosos según la edad, el sexo, las condiciones metabólicas, las enfermedades y hasta la hora del día. En nuestro genoma, como también ocurre en especies como el tiburón y el ratón, solo un 1,5% de todo el ADN codifica para los genes, es lo que llamamos exoma. El resto, que constituye más del 98% del ADN, no contiene genes. Sin embargo, contrariamente a lo que se creía haste hace unas décadas, estamos empezando a descubrir que parte de ese ADN que no corresponde a genes cumple importantes funciones regulatorias dentro de las células.

¿Qué es la expresión génica?

Un gen es un código encriptado que debe descifrarse para permitir la síntesis de una proteína que en la mayor parte de los casos ejecuta las funciones del gen. La manera más clásica de hacerlo es mediante la creación de un emisario (el ácido ribonucleico mensajero o ARNm), que recoge el recado codificado en el gen y después sirve de molde para la síntesis de la proteína. Las proteínas cumplen funciones estructurales y metabólicas dentro y fuera de las células y suelen ser el producto final de los genes.

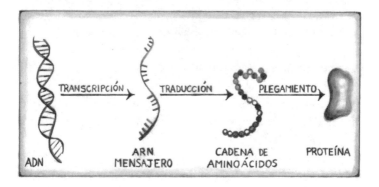

Sin embargo, la biología celular es muchísimo más compleja que este simple esquema. El ADN, el ARN y las proteínas crean una red de interacciones, comunicándose constantemente entre sí para regular las funciones celulares.

Por ejemplo:

- un mismo gen puede servir de molde para diferentes proteínas;
- las moléculas pequeñas de ARN regulan la expresión de genes y de proteínas;
- ciertas proteínas regulan la expresión de los genes;
- el ARN en ciertos casos se copia a ADN; y
- el ARN en ciertos casos colabora en las funciones de las proteínas.

¡Y aún quedan cosas por descubrir!

¿Cuánto ADN hay en cada célula?

Cada una de nuestras pequeñas células contiene alrededor de dos metros de ADN. Aunque parezca imposible, esos dos metros de ADN están almacenados en el microscópico núcleo de las células. Para lograr tal proeza de compactación, la naturaleza utiliza sus astucias. Imaginemos que necesitamos colocar una manguera de varios metros en un armario de jardín. Seguramente no lograremos hacerla entrar simplemente a empujones. La solución más habitual a esta encrucijada doméstica es enrollarla alrededor de un soporte para que ocupe menos volumen. Las células utilizan esta simple estrategia para almacenar el ADN en sus pequeñísimos núcleos, y el soporte en cuestión está formado por ocho proteínas llamadas histonas, más precisamente, dos grupos idénticos de cuatro histonas (las histonas H2A, H2B, H3 y H4). El ADN continúa después su proceso de compactación a través de otros mecanismos, reduciendo finalmente su volumen unas cien mil veces para caber en el núcleo de las células.

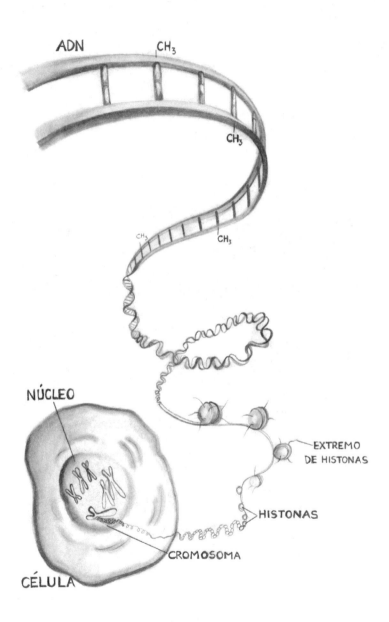

ADN

CH₃

CH₃

CH₃

CH₃

NÚCLEO

EXTREMO
DE HISTONAS

HISTONAS

CROMOSOMA

CÉLULA

¿Qué es la cromatina?

Se llama cromatina al conjunto de ADN y proteínas que se encuentra en el núcleo de las células. El nucleosoma es la unidad básica de la cromatina, y se trata de un trozo pequeño de ADN enrollado alrededor de un grupo de ocho proteínas llamadas histonas. Para hacernos una idea de los tamaños, un gen de tamaño promedio tendrá el aspecto de un collar de unos 20 nucleosomas separados por trozos pequeños de ADN lineal.

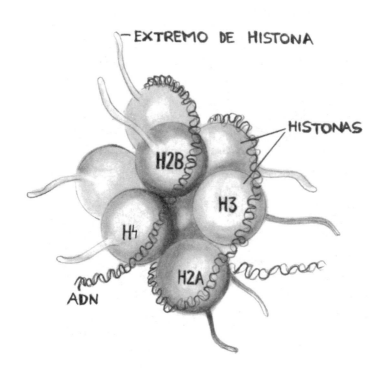

EXTREMO DE HISTONA

HISTONAS

H2B

H3

H4

H2A

ADN

¿Cómo se encienden los genes?

La madeja de cromatina formada por el ADN y las histonas presenta algunos trozos muy apretados (heterocromatina), mientras que otros segmentos están más relajados (eucromatina). La mayoría de los genes que se encuentran en las regiones de mayor compactación están en silencio, porque sus mensajes están ocultos en el apretado ovillo de cromatina. A su vez, los genes que se encuentran en segmentos más distendidos de la cromatina están activos, accesibles para ser leídos y dar a conocer sus mensajes. Las modificaciones epigenéticas permiten encender o apagar lo genes promoviendo la relajación o la compactación de la cromatina, respectivamente.

Algunas de las modificaciones epigenéticas más caracterizadas son grupos químicos que se añaden sobre el ADN o sobre los extremos de las histonas. En muchos casos, estos grupos químicos logran modular la expresión de los genes por medio de interacciones entre cargas eléctricas. Es bien conocido que las cargas iguales se repelen, mientras que las cargas contrarias se atraen. Por ejemplo, la acetilación de las histonas añade cargas negativas sobre la molécula de ADN, que en sí misma es un molécula cargada negativamente. La carga negativa de la acetilación y la carga negativa del ADN se repelen, abriendo así una zona de eucromatina. De esta forma, el gen que se encuentra junto a la histona acetilada queda expuesto, encendido y puede expresarse. Otra modificación epigenética muy abundante es la metilación del ADN que en general provoca el silenciamiento del gen sobre el que se encuentra porque promueve la formación de una zona de heterocromatina muy compacta.

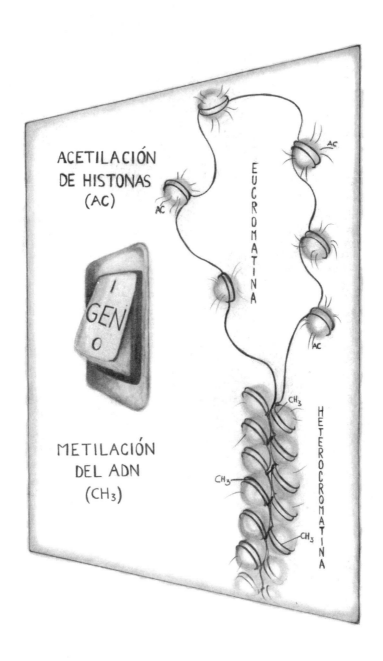

REFERENCIAS BIBLIOGRÁFICAS

1. Charles Darwin, 1859. *On the Origin of the Species and The Voyage of the Beagle*. Chapter VIII: Instinct
2. *Molded in the Image of Changing Woman: Navajo Views on the Human Body and Personhood*. Maureen Trudelle Schwarz. Tucson: University of Arizona Press, 1997.
3. Gregory SG, Barlow KF, McLay KE, et al. The DNA sequence and biological annotation of human chromosome 1. Nature. 2006 May 18;441(7091):315-21.
4. Zhang R, Chu M, Zhao Y, Wu C, Guo H, Shi Y, Dai J, Wei Y, Jin G, Ma H, Dong J, Yi H, Bai J, Gong J, Sun C, Zhu M, Wu T, Hu Z, Lin D, Shen H, Chen F. A genome-wide gene-environment interaction analysis for tobacco smoke and lung cancer susceptibility. Carcinogenesis. 2014 Jul;35(7):1528-35.
5. Sullivan PF, Neale MC, Kendler KS. Genetic epidemiology of major depression: review and meta-analysis. Am J Psychiatry. 2000 Oct;157(10):1552-62.
6. McEwen BS. Brain on stress: how the social environment gets under the skin. Proc Natl Acad Sci U S A. 2012 Oct 16;109 Suppl 2:17180-5; Epel ES, et al. Accelerated telomere shortening in response to life stress. Proc Natl Acad Sci USA. 2004 ;101(49):17312-5.
7. Cannon, Walter (1932). Wisdom of the Body. United States: W.W. Norton & Company. ISBN 0393002055; Walter Bradford Cannon (1929). Bodily changes in pain, hunger, fear, and rage. New York: Appleton-Century-Crofts.
8. Benson H, Rosner BA, Marzetta BR, Klemchuk HM. Decreased blood-pressure in pharmacologically treated hypertensive patients who regularly elicited the relaxation response. Lancet. 1974 Feb 23;1(7852):289-91.
9. Lazar SW, Kerr CE, Wasserman RH, Gray JR, Greve DN, Treadway MT, McGarvey M, Quinn BT, Dusek JA, Benson H, Rauch SL, Moore CI, Fischl B. Meditation experience is associated with increased cortical thickness. Neuroreport. 2005 Nov 28;16(17):1893-7.
10. Dusek JA, Otu HH, Wohlhueter AL, Bhasin M, Zerbini LF, Joseph MG, Benson H, Libermann TA. Genomic counter-stress changes induced by the relaxation response. PLoS One. 2008 Jul 2;3(7):e2576.

11. Yackle K, Schwarz LA, Kam K, Sorokin JM, Huguenard JR, Feldman JL, Luo L, Krasnow MA. Breathing control center neurons that promote arousal in mice. Science. 2017;355(6332):1411-1415.

12. Davidson RJ, Goleman DJ, Schwartz GE. Attentional and affective concomitants of meditation: a cross-sectional study. J Abnorm Psychol. 1976 Apr;85(2):235-8.

13. http://centerhealthyminds.org

14. Kabat-Zinn J. An outpatient program in behavioral medicine for chronic pain patients based on the practice of mindfulness meditation: theoretical considerations and preliminary results. Gen Hosp Psychiatry. 1982 Apr;4(1):33-47.

15. Clarke TC, Black LI, Stussman BJ, Barnes PM, Nahin RL. Trends in the use of complementary health approaches among adults: United States, 2002–2012. National health statistics reports; n.º 79. Hyattsville, MD: National Center for Health Statistics. 2015. https://www.cdc.gov/nchs/data/nhsr/nhsr079.pdf

16. Benson, M.D., with Miriam Z. Klipper. The Relaxation Response, Harper Colins Publishers.

17. Liston C, Miller MM, Goldwater DS, Radley JJ, Rocher AB, Hof PR, Morrison JH, McEwen BS. Stress induced alterations in prefrontal cortical dendritic morphology predict selective impairments in perceptual attentional set-shifting. J Neurosci. 2006;26(30):7870-4.

18. Liston C, McEwen BS, Casey BJ. Psychosocial stress reversibly disrupts prefrontal processing and attentional control. Proc Natl Acad Sci U S A. 2009;106(3):912-7.

19. Vyas A, Mitra R, Shankaranarayana Rao BS, Chattarji S. Chronic stress induces contrasting patterns of dendritic remodeling in hippocampal and amygdaloid neurons. J Neurosci. 2002;22(15):6810-8

20. Lupien SJ, de Leon M, de Santi S, Convit A, Tarshish C, Nair NP, Thakur M, McEwen BS, Hauger RL, Meaney MJ. Cortisol levels during human aging predict hippocampal atrophy and memory deficits. Nat Neurosci. 1998;1(1):69-73.

21. Hanson JL, Chung MK, Avants BB, Shirtcliff EA, Gee JC, Davidson RJ, Pollak SD. Early stress is associated with alterations in the orbitofrontal cortex: a tensor-based morphometry investigation of brain structure and behavioral risk. J Neurosci. 2010 Jun 2;30(22): 7466-72.

22. Meaney MJ. Maternal care, gene expression, and the transmission of individual differences in stress reactivity across generations. Annu Rev Neurosci. 2001;24:1161-92. Review.

23. Widom CS, Czaja SJ, Bentley T, Johnson MS. A prospective investigation of physical health outcomes in abused and neglected children: new findings from a 30-year follow-up. Am J Public Health. 2012;102(6):1135-44.

24. Felitti, V.J.; Anda, R.F.; Nordenberg, D.; Williamson, D.F.; Spitz, A.M.; Edwards, V.; Koss, M.P.; Marks, J.S. Relationship of childhood abuse and household dysfunction to many of the leading causes of death in adults. The adverse childhood experiences (ACE) study. Am. J. Prev. Med. 1998, 14, 245-258.

25. Blair C, Raver CC. Poverty, Stress, and Brain Development: New Directions for Prevention and Intervention. Acad Pediatr. 2016 Apr;16(3 Suppl):S30-6.

26. Weaver IC, Cervoni N, Champagne FA, D'Alessio AC, Sharma S, Seckl JR, Dymov S, Szyf M, Meaney MJ. Epigenetic programming by maternal behavior. Nat Neurosci. 2004 Aug;7(8):847-54

27. Gapp K, Bohacek J, Grossmann J, Brunner AM, Manuella F, Nanni P, Mansuy IM. Potential of Environmental Enrichment to Prevent Transgenerational Effects of Paternal Trauma. Neuropsychopharmacology. 2016;41(11):2749-58.

28. McGhee KE, Bell AM. Paternal care in a fish: epigenetics and fitness enhancing effects on offspring anxiety. Proc Biol Sci. 2014; 281(1794):20141146.

29. Widom CS, Czaja SJ, DuMont KA. Intergenerational transmission of child abuse and neglect: real or detection bias? Science. 2015 Mar 27;347(6229):1480-5.

30. McGowan PO, Sasaki A, D'Alessio AC, Dymov S, Labonté B, Szyf M, Turecki G, Meaney MJ. Epigenetic regulation of the glucocorticoid receptor in human brain associates with childhood abuse. Nat Neurosci. 2009;12(3):342-8.

31. Radtke KM, Schauer M, Gunter HM, Ruf-Leuschner M, Sill J, Meyer A, Elbert T. Epigenetic modifications of the glucocorticoid receptor gene are associated with the vulnerability to psychopathology in childhood maltreatment. Transl Psychiatry. 2015 26;5:e571.

32. Nithianantharajah J, Hannan AJ. Enriched environments, experience-dependent plasticity and disorders of the nervous system. Nat Rev Neurosci. 2006 Sep;7(9):697-709.

33. Fischer A, Sananbenesi F, Wang X, Dobbin M, Tsai LH. Recovery of learning and memory is associated with chromatin remodelling. Nature. 2007 10;447(7141):178-82.

34. Charles Darwin, "The variation of Animals and Plants under Domestication" Vol. II, Chap. XXVII. OF PANGENESIS, 1868.

35. Wyles, J. S., J. G. Kunkel, and A. C. Wilson, 1983 Birds, behavior and anatomical evolution. Proc. Natl. Acad. Sci. USA 80: 4394–4397.

36. Remy JJ. Stable inheritance of an acquired behavior in Caenorhabditis elegans. Curr Biol. 2010 Oct 26;20(20):R877-8.

37. Klosin A, Casas E, Hidalgo-Carcedo C, Vavouri T, Lehner B.

Transgenerational transmission of environmental information in C. elegans. Science. 2017;356(6335):320-323.

38. Skinner MK. Metabolic disorders: Fathers' nutritional legacy. Nature. 2010 ; 4670: 922-3.

39. Ng y colaboradores. Chronic high-fat diet in fathers programs β-cell dysfunction in female rat offspring. Nature. 2010 Oct 21;467(7318):963-6.

40. Donkin I, Versteyhe S, Ingerslev LR, Qian K, Mechta M, Nordkap L, Mortensen B, Appel EV, Jørgensen N, Kristiansen VB, Hansen T, Workman CT, Zierath JR, Barrès R. Obesity and Bariatric Surgery Drive Epigenetic Variation of Spermatozoa in Humans. Cell Metab. 2016;23(2):369-78.

41. Stein A, Pearson RM, Goodman SH, Rapa E, Rahman A, McCallum M, Howard LM, Pariante CM. Effects of perinatal mental disorders on the fetus and child. Lancet. 2014; 384 (9956): 1800-19.

42. McManus BM, Poehlmann J. Maternal depression and perceived social support as predictors of cognitive function trajectories during the first 3 years of life for preterm infants in Wisconsin. Child Care Health Dev. 2012 May;38(3):425-34

43. Rodgers AB, Morgan CP, Bronson SL, Revello S, Bale TL. Paternal stress exposure alters sperm microRNA content and reprograms offspring HPA stress axis regulation. J Neurosci. 2013 May 22;33(21):9003-12.

44. Short AK, Fennell KA, Perreau VM, Fox A, O'Bryan MK, Kim JH, Bredy TW, Pang TY, Hannan AJ. Elevated paternal glucocorticoid exposure alters the small noncoding RNA profile in sperm and modifies anxiety and depressive phenotypes in the offspring. Transl Psychiatry. 2016 Jun 14;6(6).

45. Oberlander TF, Weinberg J, Papsdorf M, Grunau R, Misri S, Devlin AM. Prenatal exposure to maternal depression, neonatal methylation of human glucocorticoid receptor gene (NR3C1) and infant cortisol stress responses. *Epigenetics* 2008; 3: 97-106

46. Suto M, Takehara K, Yamane Y, Ota E. Effects of prenatal childbirth education for partners of pregnant women on paternal postnatal mental health and couple relationship: A systematic review. J Affect Disord. 2017;210:115-121.

47. Lovejoy MC, Graczyk PA, O'Hare E, Neuman G. Maternal depression and parenting behavior: a meta-analytic review. Clin Psychol Rev 2000; 20: 561-92.

48. Paulson JF, Bazemore SD. Prenatal and postpartum depression in fathers and its association with maternal depression: a meta-analysis. JAMA. 2010;303(19):1961-9.

49. Kerstis B, Aarts C, Tillman C, Persson H, Engström G, Edlund B, Öhrvik J, Sylvén S, Skalkidou A. Association between parental depressive symp-

toms and impaired bonding with the infant. Arch Womens Ment Health. 2016;19(1):87-94.

50. Blair C, Raver CC. Poverty, Stress, and Brain Development: New Directions for Prevention and Intervention. Acad Pediatr. 2016 Apr;16(3 Suppl):S30-6.

51. Townshend K, Jordan Z, Stephenson M, Tsey K. The effectiveness of mindful parenting programs in promoting parents' and children's well-being: a systematic review. JBI Database System Rev Implement Rep. 2016;14(3):139-80; Coatsworth JD, Duncan LG, Berrena E, Bamberger KT, Loeschinger D, Greenberg MT, Nix RL. The Mindfulness-enhanced Strengthening Families Program: integrating brief mindfulness activities and parent training within an evidence-based prevention program. New Dir Youth Dev.;2014(142):45-58.

52. Dimidjian S, Goodman SH, Felder JN, Gallop R, Brown AP, Beck A. Staying well during pregnancy and the postpartum: A pilot randomized trial of mindfulness-based cognitive therapy for the prevention of depressive relapse/recurrence. J Consult Clin Psychol. 2016 Feb;84(2):134-45.

53. Dias BG, Ressler KJ. Parental olfactory experience influences behavior and neural structure in subsequent generations. Nat Neurosci. 2014 Jan;17(1):89-96.

54. Lazar SW, Kerr CE, Wasserman RH, Gray JR, Greve DN, Treadway MT, McGarvey M, Quinn BT, Dusek JA, Benson H, Rauch SL, Moore CI, Fischl B. Meditation experience is associated with increased cortical thickness. Neuroreport. 2005;16(17):1893-7-

55. Sowell ER, Peterson BS, Thompson PM, Welcome SE, Henkenius AL, Toga AW. Mapping cortical change across the human life span. Nat Neurosci. 2003 Mar;6(3):309-15.

56. Nyberg L, Bäckman L, Erngrund K, Olofsson U, Nilsson LG. Age differences in episodic memory, semantic memory, and priming: relationships to demographic, intellectual, and biological factors. J Gerontol B Psychol Sci Soc Sci. 1996;51(4):P234-40.

57. Gotink RA, Meijboom R, Vernooij MW, Smits M, Hunink MG. 8-week Mindfulness Based Stress Reduction induces brain changes similar to traditional long-term meditation practice - A systematic review. Brain Cogn. 2016 Oct;108:32-41.

58. Lutz A, Greischar LL, Rawlings NB, Ricard M, Davidson RJ. Long-term meditators self-induce high-amplitude gamma synchrony during mental practice. Proc Natl Acad Sci U S A. 2004 Nov 16; 101(46):16369-73.

59. Braboszcz C, Cahn BR, Levy J, Fernandez M, Delorme A. Increased Gamma Brainwave Amplitude Compared to Control in Three Different Meditation Traditions. PLoS One. 2017 Jan 24;12(1):e0170647.

60. Ferrarelli F, Smith R, Dentico D, Riedner BA, Zennig C, Benca RM, Lutz

A, Davidson RJ, Tononi G. Experienced mindfulness meditators exhibit higher parietal-occipital EEG gamma activity during NREM sleep. PLoS One. 2013 Aug 28;8(8):e73417.

61. Killingsworth MA, Gilbert DT. A wandering mind is an unhappy mind. Science. 2010 Nov 12;330(6006):932.

62. Patriat R, Birn RM, Keding TJ, Herringa RJ. Default-Mode Network Abnormalities in Pediatric Posttraumatic Stress Disorder. J Am Acad Child Adolesc Psychiatry. 2016 Apr;55(4):319-27.

63. Garrison KA, Zeffiro TA, Scheinost D, Constable RT, Brewer JA. Meditation leads to reduced default mode network activity beyond an active task. Cogn Affect Behav Neurosci. 2015 Sep;15(3): 712-20.

64. Berkovich-Ohana A, Harel M, Hahamy A, Arieli A, Malach R. Data for default network reduced functional connectivity in meditators, negatively correlated with meditation expertise. Data Brief. 2016 Jul 15;8:910-4.

65. King AP, Block SR, Sripada RK, Rauch S, Giardino N, Favorite T, Angstadt M, Kessler D, Welsh R, Liberzon I. Altered default mode network (DMN) resting state functional connectivity following a mindfulness-based exposure therapy for post-traumatic stress disorder (PTSD) in combat veterans of Afghanistan and Iraq. Depress Anxiety. 2016 Apr;33(4):289-99.

66. Ricard M, Lutz, A, Davidson, RJ November 2014, Scientific American.

67. *Mindfulness-based Cognitive Therapy for Depression* (book)- Authors: Segal, Williams and Teasdale. Guildford Press, 2012.

68. Kuyken W, Hayes R, Barrett B, Byng R, Dalgleish T, Kessler D, Lewis G, Watkins E, Brejcha C, Cardy J, Causley A, Cowderoy S, Evans A, Gradinger F, Kaur S, Lanham P, Morant N, Richards J, Shah P, Sutton H, Vicary R, Weaver A, Wilks J, Williams M, Taylor RS, Byford S. Effectiveness and cost-effectiveness of mindfulness-based cognitive therapy compared with maintenance antidepressant treatment in the prevention of depressive relapse or recurrence (PREVENT): a randomised controlled trial. Lancet. 2015 Jul 4;386(9988):63-73.

69. Külz AK, Rose N. [Mindfulness based cognitive therapy (MBCT) in patients with obsessive-compulsive disorder--an adaptation of the original program]. Psychother Psychosom Med Psychol. 2014 Jan;64(1):35-40.

70. Kim B, Cho SJ, Lee KS, Lee JY, Choe AY, Lee JE, Choi TK, Lee SH. Factors associated with treatment outcomes in mindfulness-based cognitive therapy for panic disorder. Yonsei Med J. 2013 Nov;54(6):1454-62.

71. Ives-Deliperi VL, Howells F, Stein DJ, Meintjes EM, Horn N. The effects of mindfulness-based cognitive therapy in patients with bipolar disorder: a controlled functional MRI investigation. J Affect Disord. 2013 Sep 25;150(3):1152-7.

72. Schoenberg PL, Hepark S, Kan CC, Barendregt HP, Buitelaar JK, Speckens AE. Effects of mindfulness-based cognitive therapy on neurophysiological correlates of performance monitoring in adult attention-deficit/hyperactivity disorder.

73. Day MA, Thorn BE, Ward LC, Rubin N, Hickman SD, Scogin F, Kilgo GR. Mindfulness-based cognitive therapy for the treatment of headache pain: a pilot study. Clin J Pain. 2014 Feb;30(2):152-61.

74. Compen FR, Bisseling EM, Van der Lee ML, Adang EM, Donders AR, Speckens AE. Study protocol of a multicenter randomized controlled trial comparing the effectiveness of group and individual internet-based Mindfulness-Based Cognitive Therapy with treatment as usual in reducing psychological distress in cancer patients: the BeMind study. BMC Psychol. 2015 Aug 13;3:27.

75. Schoultz M, Atherton I, Watson A. Mindfulness-based cognitive therapy for inflammatory bowel disease patients: findings from an exploratory pilot randomised controlled trial. Trials. 2015 Aug 25;16:379.

76. Dimidjian S, Goodman SH, Felder JN, Gallop R, Brown AP, Beck A. Staying well during pregnancy and the postpartum: A pilot randomized trial of mindfulness-based cognitive therapy for the prevention of depressive relapse/recurrence. J Consult Clin Psychol. 2016 Feb;84(2):134-45.

77. Lever Taylor B, Strauss C, Cavanagh K, Jones F. The effectiveness of self-help mindfulness-based cognitive therapy in a student sample: a randomised controlled trial. Behav Res Ther. 2014 Dec;63:63-9.

78. Milani A, Nikmanesh Z, Farnam A. Effectiveness of Mindfulness-Based Cognitive Therapy (MBCT) in Reducing Aggression of Individuals at the Juvenile Correction and Rehabilitation Center. Int J High Risk Behav Addict. 2013 Dec;2(3):126-31.

79. Matthieu Ricard. Plaidoyer pour l'altruisme. NiL éditions Paris, 2013.

80. Singer T, Seymour B, O'Doherty J, Kaube H, Dolan RJ, Frith CD. Empathy for pain involves the affective but not sensory components of pain. Science. 2004 Feb 20;303(5661):1157-62.

81. Singer T, Klimecki OM. Empathy and compassion. Curr Biol. 2014 Sep 22;24(18):R875-8.

82. Koszycki D, Thake J, Mavounza C, Daoust JP, Taljaard M, Bradwejn J. Preliminary Investigation of a Mindfulness-Based Intervention for Social Anxiety Disorder That Integrates Compassion Meditation and Mindful Exposure. J Altern Complement Med. 2016 May;22(5):363-74.

83. Feliu-Soler A, Pascual JC, Elices M, Martín-Blanco A, Carmona C, Cebolla A, Simón V, Soler J. Fostering Self-Compassion and Loving-Kindness in Patients With Borderline Personality Disorder: A Randomized Pilot Study. Clin Psychol Psychother. 2017;24(1): 278-286.

84. Kearney DJ, McManus C, Malte CA, Martinez ME, Felleman B, Simpson TL. Loving-kindness meditation and the broaden-and-build theory of positive emotions among veterans with posttraumatic stress disorder. Med Care. 2014;52(12 Suppl 5):S32-8.

85. Lee MY, Zaharlick A, Akers D. Impact of Meditation on Mental Health Outcomes of Female Trauma Survivors of Interpersonal Violence With Co-Occurring Disorders: A Randomized Controlled Trial. J Interpers Violence. 2015 Jul 5.

86. Shahar B, Szsepsenwol O, Zilcha-Mano S, Haim N, Zamir O, Levi-Yeshuvi S, Levit-Binnun N. A wait-list randomized controlled trial of loving-kindness meditation programme for self-criticism. Clin Psychol Psychother. 2015;22(4):346-56; Fredrickson BL, Cohn MA, Coffey KA, Pek J, Finkel SM. Open hearts build lives: positive emotions, induced through loving-kindness meditation, build consequential personal resources. J Pers Soc Psychol. 2008;95(5):1045-62.

87. Arch JJ, Brown KW, Dean DJ, Landy LN, Brown KD, Laudenslager ML. Self-compassion training modulates alpha-amylase, heart rate variability, and subjective responses to social evaluative threat in women. Psychoneuroendocrinology. 2014, 42:49-58; Pace TW, Negi LT, Adame DD, Cole SP, Sivilli TI, Brown TD, Issa MJ, Raison CL. Effect of compassion meditation on neuroendocrine, innate immune and behavioral responses to psychosocial stress. Psychoneuroendocrinology. 2009;34(1):87-98.

88. Johnson SB, Riley AW, Granger DA, Riis J. The science of early life toxic stress for pediatric practice and advocacy. Pediatrics. 2013;131(2):319-27.

89. Ortiz R, Sibinga EM. The Role of Mindfulness in Reducing the Adverse Effects of Childhood Stress and Trauma. Children (Basel). 2017 Feb 28;4(3).

90. vB Hjelmborg J, Iachine I, Skytthe A, Vaupel JW, McGue M, Koskenvuo M, Kaprio J, Pedersen NL, Christensen K. Genetic influence on human lifespan and longevity. Hum Genet. 2006 Apr;119(3):312-21.

91. Herskind AM, McGue M, Holm NV, Sørensen TI, Harvald B, Vaupel JW. The heritability of human longevity: a population-based study of 2872 Danish twin pairs born 1870-1900. Hum Genet. 1996 Mar;97(3):319-23.

92. Epel ES, Blackburn EH, Lin J, Dhabhar FS, Adler NE, Morrow JD, Cawthon RM. Accelerated telomere shortening in response to life stress. Proc Natl Acad Sci U S A. 2004 Dec 7;101(49):17312-5; Epel ES, Lin J, Wilhelm FH, Wolkowitz OM, Cawthon R, Adler NE, Dolbier C, Mendes WB, Blackburn EH. Cell aging in relation to stress arousal and cardiovascular disease risk factors. Psychoneuroendocrinology. 2006;31(3):277-87.

93. Terry DF, Nolan VG, Andersen SL, Perls TT, Cawthon R. Association of longer telomeres with better health in centenarians. J Gerontol A Biol Sci Med Sci. 2008;63(8):809-12; Franzke B, Neubauer O, Wagner

KH. Super DNAging-New insights into DNA integrity, genome stability and telomeres in the oldest old. Mutat Res Rev Mutat Res. 2015 Oct-Dec;766:48-57.

94. Jacobs TL, Epel ES, Lin J, Blackburn EH, Wolkowitz OM, Bridwell DA, Zanesco AP, Aichele SR, Sahdra BK, MacLean KA, King BG, Shaver PR, Rosenberg EL, Ferrer E, Wallace BA, Saron CD. Intensive meditation training, immune cell telomerase activity, and psychological mediators. Psychoneuroendocrinology. 2011;36(5):664-81.

95. Lavretsky H, Epel ES, Siddarth P, Nazarian N, Cyr NS, Khalsa DS, Lin J, Blackburn E, Irwin MR. A pilot study of yogic meditation for family dementia caregivers with depressive symptoms: effects on mental health, cognition, and telomerase activity. Int J Geriatr Psychiatry. 2013;28(1):57-65; Carlson LE, Beattie TL, Giese-Davis J, Faris P, Tamagawa R, Fick LJ, Degelman ES, Speca M. Mindfulness-based cancer recovery and supportive expressive therapy maintain telomere length relative to controls in distressed breast cáncer survivors. Cancer. 2015 1;121(3):476-84.

96. Alda M, Puebla-Guedea M, Rodero B, Demarzo M, Montero-Marin J, Roca M, Garcia-Campayo J. Zen meditation, Length of Telomeres, and the Role of Experiential Avoidance and Compassion. Mindfulness (N Y). 2016;7:651-659.

97. Conklin Q, King B, Zanesco A, Pokorny J, Hamidi A, Lin J, Epel E, Blackburn E, Saron C. Telomere lengthening after three weeks of an intensive insight meditation retreat. Psychoneuroendocrinology. 2015;61:26-7.

98. Q Conklin, MJ Álvarez-López, B King, A Zanesco, J Pokorny, A Hamidi, M Cosín-Tomás, J Lin, P Kaliman, E Epel, E Blackburn, C Saron. The Effects of Intensive Insight Meditation on Telomeric Regulation. Mind & Life Institute, ISCS 2016, Nov.

99. Blackburn EH, Epel ES. Telomeres and adversity: Too toxic to ignore. Nature. 2012 11;490(7419):169-71.

100. Horvath S. DNA methylation age of human tissues and cell types. Genome Biol. 2013;14(10):R115. Erratum in: Genome Biol. 2015;16:96.

101. Zannas AS, Arloth J, Carrillo-Roa T, Iurato S, Röh S, Ressler KJ, Nemeroff CB, Smith AK, Bradley B, Heim C, Menke A, Lange JF, Brückl T, Ising M, Wray NR, Erhardt A, Binder EB, Mehta D. Lifetime stress accelerates epigenetic aging in an urban, African American cohort: relevance of glucocorticoid signaling. Genome Biol. 2015 Dec 17;16:266.

102. Brody GH, Yu T, Chen E, Beach SR, Miller GE. Family-centered prevention ameliorates the longitudinal association between risky family processes and epigenetic aging. J Child Psychol Psychiatry. 2016 May;57(5):566-74.

103. Chaix R, Alvarez-López MJ, Fagny M, Lemee L, Regnault B, Davidson RJ, Lutz A, Kaliman P. Epigenetic clock analysis in long-term meditators. Psychoneuroendocrinology. 2017 Aug 31;85:210-214.
104. Rosenkranz MA, Esnault S, Christian BT, Crisafi G, Gresham LK, Higgins AT, Moore MN, Moore SM, Weng HY, Salk RH, Busse WW, Davidson RJ. Mind-body interactions in the regulation of airway inflammation in asthma: A PET study of acute and chronic stress. Brain Behav Immun. 2016 Mar 30.
105. Salminen A, Kaarniranta K, Kauppinen A. Inflammaging: disturbed interplay between autophagy and inflammasomes. Aging (Albany NY). 2012;4(3):166-75.
106. Hoeijmakers L, Heinen Y, van Dam AM, Lucassen PJ, Korosi A. Microglial Priming and Alzheimer's Disease: A Possible Role for (Early) Immune Challenges and Epigenetics? Front Hum Neurosci. 2016;10:398.
107. Dantzer R, Kelley KW. Twenty years of research on cytokine-induced sickness behavior. Brain Behav Immun. 2007;21(2):153-60.
108. Clark LF, Kodadek T. The Immune System and Neuroinflammation as Potential Sources of Blood-Based Biomarkers for Alzheimer's Disease, Parkinson's Disease, and Huntington's Disease. ACS Chem Neurosci. 2016;7(5):520-7.
109. Schwartz M, Deczkowska A. Neurological Disease as a Failure of Brain-Immune Crosstalk: The Multiple Faces of Neuroinflammation. Trends Immunol. 2016;37(10):668-679.
110. Khandaker GM, Dantzer R. Is there a role for immune-to-brain communication in schizophrenia? Psychopharmacology (Berl). 2016;233(9):1559-73.
111. Remus JL, Dantzer R. Inflammation Models of Depression in Rodents: Relevance to Psychotropic Drug Discovery. Int J Neuropsychopharmacol. 2016;19(9).
112. Becker KJ. Inflammation and the Silent Sequelae of Stroke. Neurotherapeutics. 2016;13(4):801-810.
113. Alyu F, Dikmen M. Inflammatory aspects of epileptogenesis: contribution of molecular inflammatory mechanisms. Acta Neuropsychiatr. 2017;29(1):1-16.
114. Gu HF, Tang CK, Yang YZ. Psychological stress, immune response, and atherosclerosis. Atherosclerosis. 2012;223(1):69-77.
115. Dusek JA, Otu HH, Wohlhueter AL, Bhasin M, Zerbini LF, Joseph MG, Benson H, Libermann TA. Genomic counter-stress changes induced by the relaxation response. PLoS One. 2008 Jul 2;3(7):e2576.
116. Sharma H, Datta P, Singh A, Sen S, Bhardwaj NK, Kochupillai V, Singh N. Geneexpression profiling in practitioners of Sudarshan Kriya. J. Psychosom Res. 2008 Feb;64(2):213-8.

117. National Alliance for Caregiving in collaboration with the American Association of Retired Persons (AARP); November 2009.

118. Lovell B, Wetherell MA. The cost of caregiving: Endocrine and immune implications in elderly and non-elderly caregivers. Neurosci Biobehav Rev. 2011; 35:1342-52.

119. Black DS, Cole SW, Irwin MR, Breen E, St Cyr NM, Nazarian N, Khalsa DS, Lavretsky H. Yogic meditation reverses NF-κB and IRF-related transcriptome dynamics in leukocytes of family dementia caregivers in a randomized controlled trial. Psychoneuroendocrinology. 2013;38(3):348-55.

120. Black, D.S., G.A. O'Reilly, R. Olmstead, et al. Mind- fulness meditation and improvement in sleep quality and daytime impairment among older adults with sleep disturbances: a randomized clinical trial. JAMA Intern. Med. 2015, 175: 494-501; Creswell JD, Irwin MR, Burklund LJ, Lieberman MD, Arevalo JM, Ma J, Breen EC, Cole SW. Mindfulness-Based Stress Reduction training reduces loneliness and pro-inflammatory gene expression in older adults: a small randomized controlled trial. Brain Behav Immun. 2012;26(7): 1095-101.

121. Bower, J.E., A.D. Crosswell, A.L. Stanton, et al. Mindfulness meditation for younger breast cancer survivors: a randomized controlled trial. Cancer 2015, 121:1231- 1240.

122. Elsenbruch, S., J. Langhorst, K. Popkirowa, et al. Effects of mind–body therapy on quality of life and neuroendocrine and cellular immune functions in patients with ulcerative colitis. Psychother. Psychosom. 2005, 74: 277-287.

123. Rosenkranz, M.A., R.J. Davidson, D.G. Maccoon, et al. A comparison of mindfulness-based stress reduction and an active control in modulation of neurogenic inflammation. Brain Behav. Immun. 2013, 27: 174-184.

124. Kaliman P, Alvarez-López MJ, Cosín-Tomás M, Rosenkranz MA, Lutz A, Davidson RJ. Rapid changes in histone deacetylases and inflammatory gene expression in expert meditators. Psychoneuroendocrinology. 2014;40:96-107.

125. Kuo B, Bhasin M, Jacquart J, Scult MA, Slipp L, Riklin EI, Lepoutre V, Comosa N, Norton BA, Dassatti A, Rosenblum J, Thurler AH, Surjanhata BC, Hasheminejad NN, Kagan L, Slawsby E, Rao SR, Macklin EA, Fricchione GL, Benson H, Libermann TA, Korzenik J, Denninger JW. Genomic and clinical effects associated with a relaxation response mind-body intervention in patients with irritable bowel syndrome and inflammatory bowel disease. PLoS One. 2015;10(4):e0123861.

126. Davidson RJ, Kabat-Zinn J, Schumacher J, Rosenkranz M, Muller D, Santorelli SF, Urbanowski F, Harrington A, Bonus K, Sheridan JF. Alterations in brain and immune function produced by mindfulness meditation. Psychosom Med. 2003;65(4):564-70.

127. Creswell JD, Myers HF, Cole SW, Irwin MR. Mindfulness meditation training effects on CD4+ T lymphocytes in HIV-1 infected adults: a small randomized controlled trial. Brain Behav Immun. 2009;23(2):184-8.

128. Párrizas M., Gasa R. and Kaliman P. (co-editor and co-author) Introduction of Epigenetics of Lifestyle 2012. Bentham Science Publishers. 10.2174/97816080529981120101 eISBN: 978-1-60805-299-8, 2012 ISBN: 978-1-60805-534-0.

129. Stein Z, Susser M. Mental retardation: a cultural syndrome. Proc Conf Sci Study Ment Def (London) 1962, pp.174-78.

130. Stein Z, Susser M, Saenger G, Marolla F. Famine and Human Development. New York: Oxford University Press, 1975.

131. Cherkin DC, Anderson ML, Sherman KJ, Balderson BH, Cook AJ, Hansen KE, Turner JA. Two-Year Follow-up of a Randomized Clinical Trial of Mindfulness-Based Stress Reduction vs Cognitive Behavioral Therapy or Usual Care for Chronic Low Back Pain. JAMA. 2017;317(6):642-644.

132. Lutz A, McFarlin DR, Perlman DM, Salomons TV, Davidson RJ. Altered anterior insula activation during anticipation and experience of painful stimuli in expert meditators. NeuroImage. 2013; 64, 538-546.

133. Chandramohan, Y., Droste, S.K., Reul, J.M., 2007. Novelty stress induces phospho-acetylation of histone H3 in rat dentate gyrus granule neurons through coincident signalling via the N-methyl-D- aspartate receptor and the glucocorticoid receptor: relevance for c-fos induction. J. Neurochem. 101 (3) 815-828.

134. Chwang, W.B., Arthur, J.S., Schumacher, A., Sweatt, J.D., 2007. The nuclear kinase mitogen- and stress-activated protein kinase 1 regulates hippocampal chromatin remodeling in memory formation. J. Neurosci. 27 (46) 12732-12742.

135. Fischer A, Sananbenesi F, Wang X, Dobbin M, Tsai LH. Recovery of learning and memory is associated with chromatin remodelling. Nature. 2007 10;447(7141):178-82.

136. Clarke TC, Black LI, Stussman BJ, Barnes PM, Nahin RL. Trends in the use of complementary health approaches among adults: United States, 2002–2012. National health statistics reports; n.º 79. Hyattsville, MD: National Center for Health Statistics. 2015. https://www.cdc.gov/nchs/data/nhsr/nhsr079.pdf

editorial **K**airós

Puede recibir información sobre nuestros
libros y colecciones o hacer comentarios
acerca de nuestras temáticas en

www.editorialkairos.com

Numancia, 117-121 • 08029 Barcelona • España
tel +34 934 949 490 • info@editorialkairos.com